はじめてふれる

坂東本・教行信証

三木 彰円

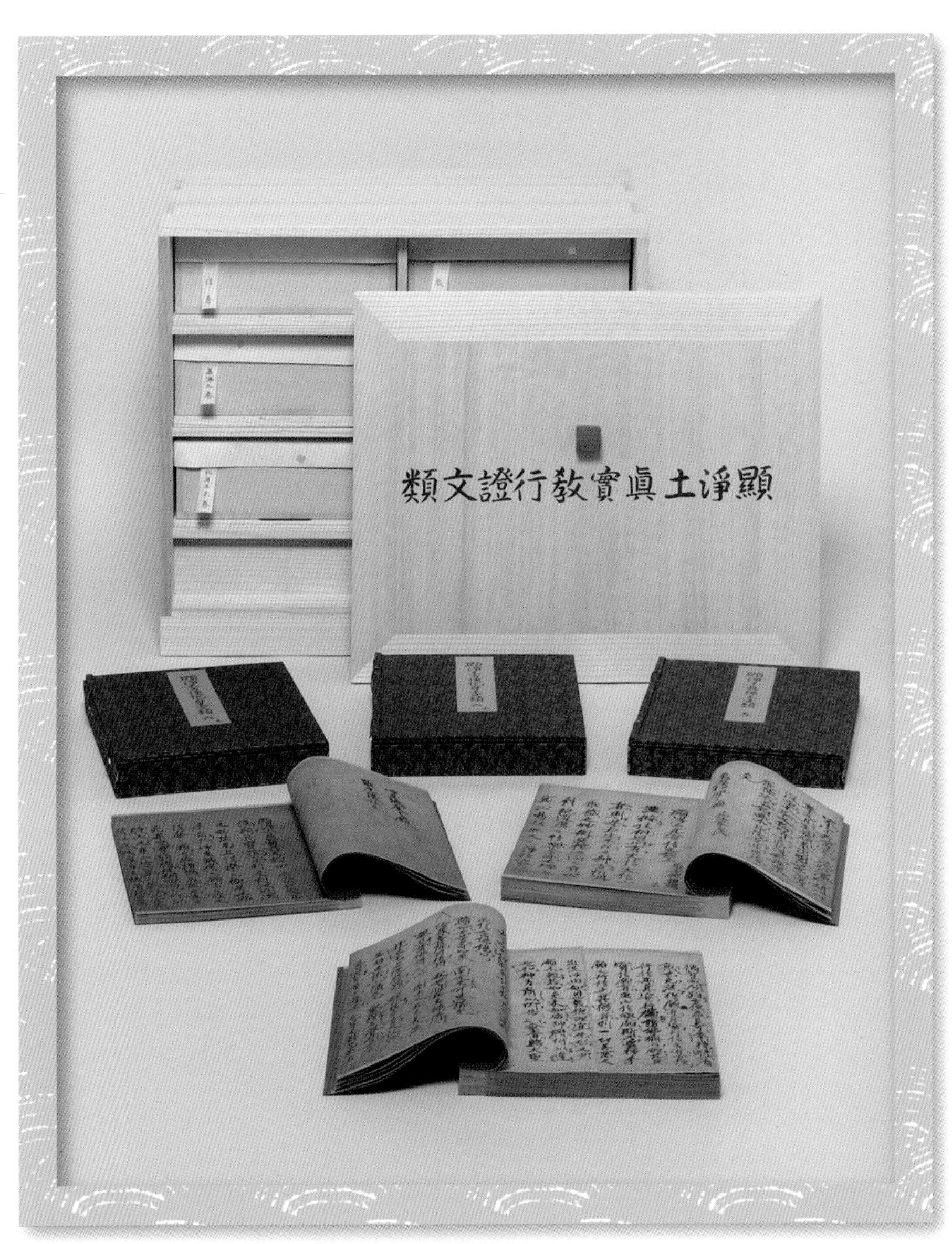

『顕浄土真実教行証文類』（坂東本）東本願寺蔵

はじめに

『教行信証』は、親鸞聖人（一一七三～一二六二）が書かれた六巻から成る漢文の大著であり、浄土真宗における根本聖典、また立教開宗の書とも仰がれています。そして、現存する『教行信証』の諸本の中でも、特に「坂東本」と呼ばれる書は、唯一の親鸞聖人の自筆本であり、国宝にも指定されています。

古来『教行信証』は、親鸞聖人の思想の精髄を伝える主著として重んじられ、学ばれてきました。とりわけこの「坂東本」には、聖人の筆跡はもとより、墨筆や朱筆を用い幾度も書き改められた跡や、一見すると何を示しているのかわからない線や記号など、聖人の推敲・編纂の痕跡が数多く残されており、その思索の歩みや、『教行信証』執筆にかける情熱を現在に伝える非常に貴重な書物であると言えます。

本書では、はじめての方にも『坂東本・教行信証』に込められた親鸞聖人のおこころにふれていただくことを願い、『教行信証』の基本的な概要から、自筆本だからこそ窺える「坂東本」のさまざまな特徴を多くの写真や図を用いて紹介しています。また巻末には、『教行信証』の要とも言える三つの序文を全頁掲載しています。

本書を足掛かりに、是非とも、『坂東本・教行信証』と出会い、そこから親鸞聖人の著述に基づく学びを深めていただくことになれば幸いです。

東本願寺出版

目次

〔本書について〕

本書は、三木彰円氏（大谷大学教授・聖教編纂室特別編纂研究員）による「『教行信証』（坂東本）公開講演会」（二〇二三年四月十三日開催）及び『真宗』誌連載「坂東本・教行信証と親鸞」（二〇〇七年八月号～二〇〇九年九月号）等の内容を基に、東本願寺出版にて再構成し、三木氏より加筆いただき刊行したものです。

〔凡例〕

・本文中の「聖典第二版」は、東本願寺出版発行の『真宗聖典 第二版』を指します。
・本文中に掲載している『教行信証』の写真は、基本的に「坂東本」の影印本（複製本）を使用しています。
・本文中に掲載している「専修寺本」の中面写真は、『専修寺本　顕浄土真実教行証文類』（法藏館）、「西本願寺本」の中面写真は、『本願寺蔵　顕浄土真実教行証文類　縮刷本』（浄土真宗本願寺派宗務所）を使用しています。

『教行信証』とは

『坂東本・教行信証』を尋ねていくにあたり、
まず『教行信証』とはどのような書なのか、
その概要を見ていきましょう。

親鸞聖人の姿勢―題号・撰号―

『教行信証』は、詳細には『顕浄土真実教行証文類』＊と言います。

名は体を表すと言うように、題号はその書全体の骨格を表すものです。まずはこの題号から、親鸞聖人がこの書に込めたこころを尋ねてみましょう。

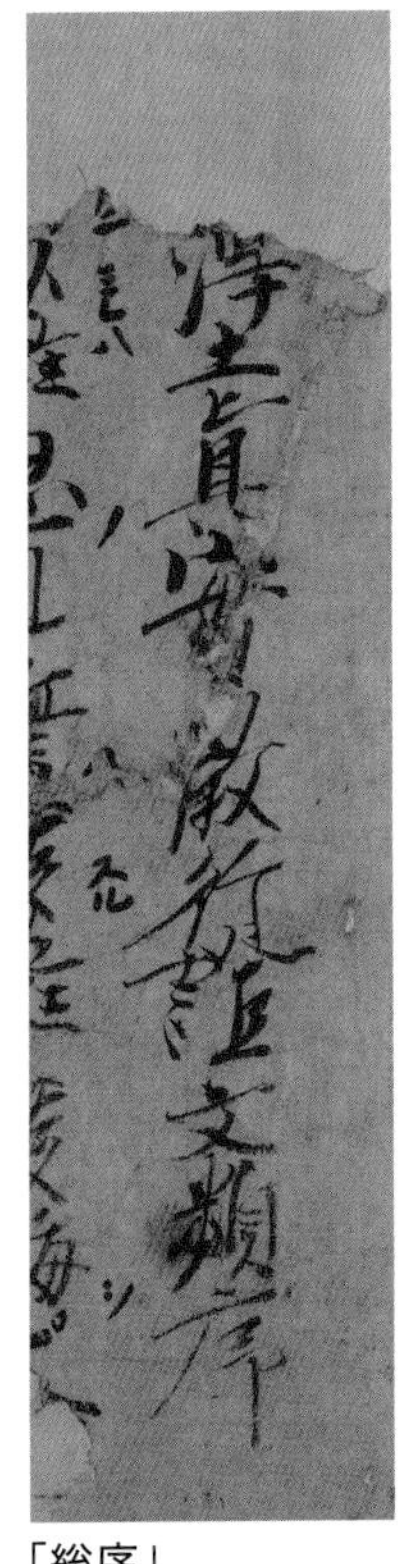

「総序」　「化身土巻」

この題号は、大きくは「顕浄土真実教行証」と「文類」とで区切ることができます。

まず「顕浄土真実教行証」です。これを親鸞聖人がどのように読まれていたのかは、返り点が付されていないため、推測するしかありません。「浄土を顕す真実の教行証」や「浄土真実を顕す教行証」など、さまざまに読まれますが、本書では、「浄土真実の教行証を顕す」という読み方から尋ねていきます。

はじめの「顕」とは、「顕す」ということです。微かなもの、はっきりとしないものをはっきりさせるという意味があります。「浄土真実」とは浄土が真実であるということ、仮・偽りではない浄土ということです。

次にある「教行証」の「教」は教え、「行」は教えに従った実践、「証」はその実践によって得られる果を言います。少し訳を加えると、〝教えによって道を指し示され、そしてその道を確かに歩むことが成り立つ〟という言葉です。まとめると「真実の浄土によって歩む道をはっきりとさせる」ということでしょう。

また「教行証」を別の言葉で言えば、真宗の「宗」に通じていきます。「宗」とは要・依りどころということです。つまり、「顕浄土真実教行証」は、端的に言えば「顕浄土真宗」（浄土が真の宗〈依りどころ〉であることを顕す）」といただくことができます。

　親鸞聖人自身は、浄土真宗を明らかにされたのは、師である法然上人（一一三三～一二一二）であると受け止めています。例えば、『教行信証』の最後にある「後序」と呼ばれる箇所には、

真宗興隆の大祖源空法師（「化身土巻」聖典第二版473頁）

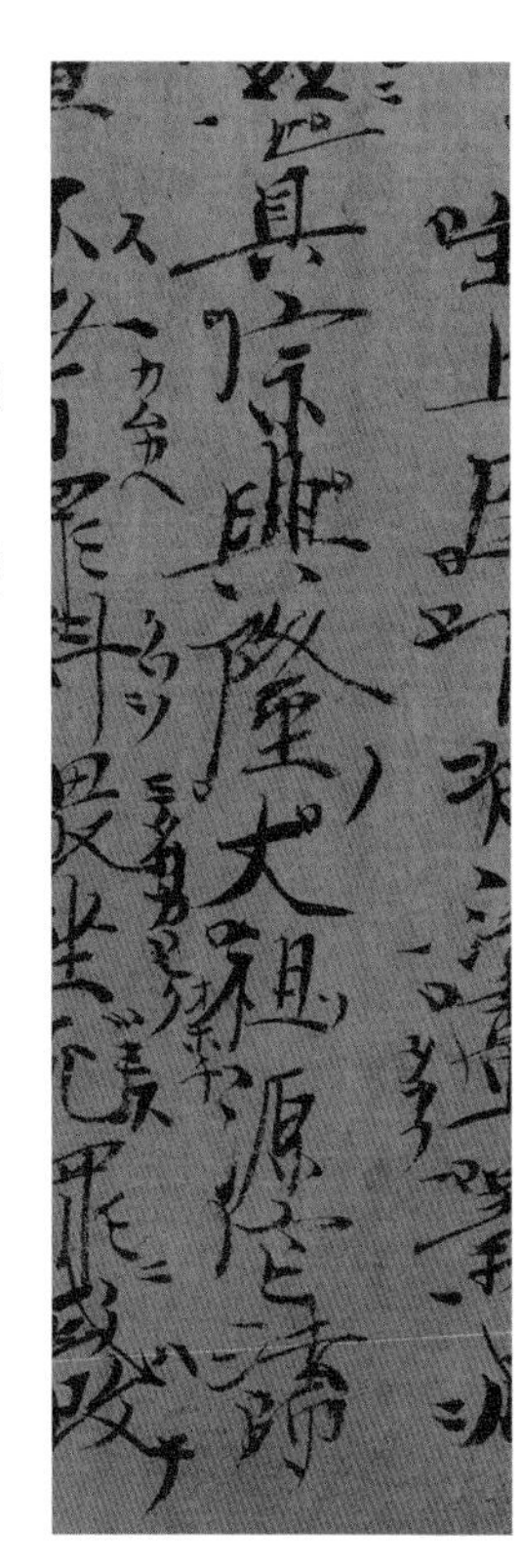

と、真宗を盛んに興してくださったのは源空法師（法然上人）であるとされ、ほかにも、「正信念仏偈（正信偈）」で法然上人を讃える言葉の中には、

真宗教証興片州（真宗の教証、片州に興ず）（「行巻」聖典第二版232頁）

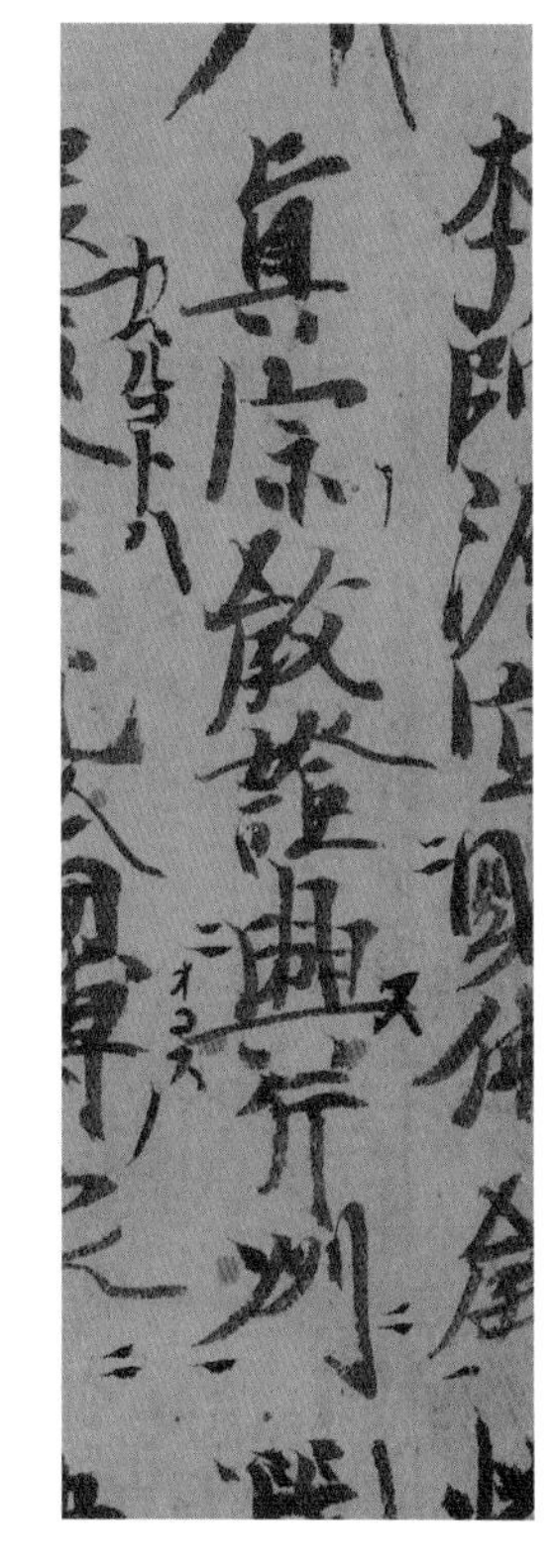

とあります。「片州」とは辺境の島国である日本のことです。つまり私たちが今生きているこの場に、真宗の教証を興してくださったと示しています。ですから、法然上人が明らかにしてくださった真宗を開顕するという意味が、「顕浄土真実教行証」には込められているのです。

　次に「文類」です。「文類」は、「顕浄土真実教行証」、「顕浄土真宗」という課題を果たしとげていく具体的な方法を示すものと見ることができます。

＊『顕浄土真実教行証文類』の呼び方については、古来、「教行証」、「教行証の文類」、「教行信証文類」などがあり、「御本書」「御本典」とも呼ばれてきた。現在は、一般に広く「教行信証」と呼ばれている。

それは、親鸞聖人自身が『教行信証』の中で、

真宗の詮を鈔し、浄土の要を摭う

（「化身土巻」聖典第二版476頁）

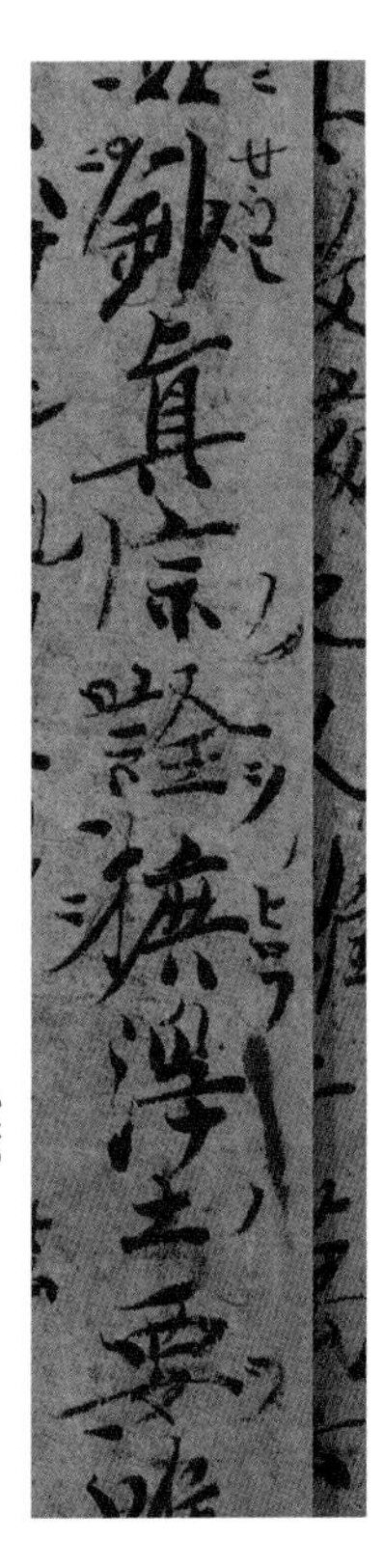

と言われる方法です。「詮」も「要」も要という意味があります。また「真宗」と「浄土」を合わせると「浄土真宗」という言葉になり、〝浄土真宗という教えを顕す要となる言葉を摭い集めた〟ということです。これは、「浄土三部経」と言われる『仏説無量寿経（大無量寿経）』『仏説観無量寿経』『仏説阿弥陀経』という釈尊が説かれた経典をはじめ、龍樹・天親・曇鸞・道綽・善導・源信・源空（法然）の七高僧方などの言葉に浄土真宗の教え、念仏の歴史を尋ね、確かめていく営みです。つまり『顕浄土真実教行証文類』の題号は、〝浄土真宗を顕す教えの言葉を集めた書〟という意味となります。

その姿勢は、撰号にも見て取れます。撰号とは書を著した人の名です。ここで言えば『教行信証』を著したのは誰であるのかを示す箇所に、「愚禿釈親鸞集」と書かれています。愚禿釈と名乗る親鸞が「集めた」ということです。ここに『教行信証』の大切な性格があります。

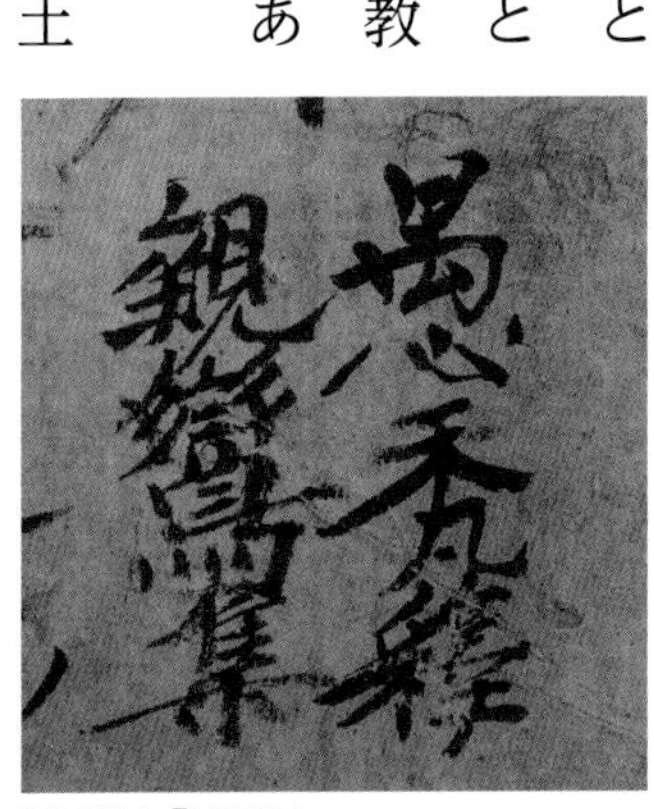

「信巻」「別序」

実際には親鸞聖人が浄土真宗を顕す営みを行っているわけですが、題号や撰号に見られる「文類」や「集」という表現から、〝釈尊の言葉や七高僧方の著作の中に、すでに浄土真宗がはっきりと明らかにされている。その事柄を私が集めさせていただく〟という聖人の姿勢が窺えます。

『教行信証』の構成

ではその『教行信証』はどのような構成で成り立っているのか。このことについては、親鸞聖人自身が『教

行信証』の初めに序文（総序）を記し、その直後に次のように記しています。

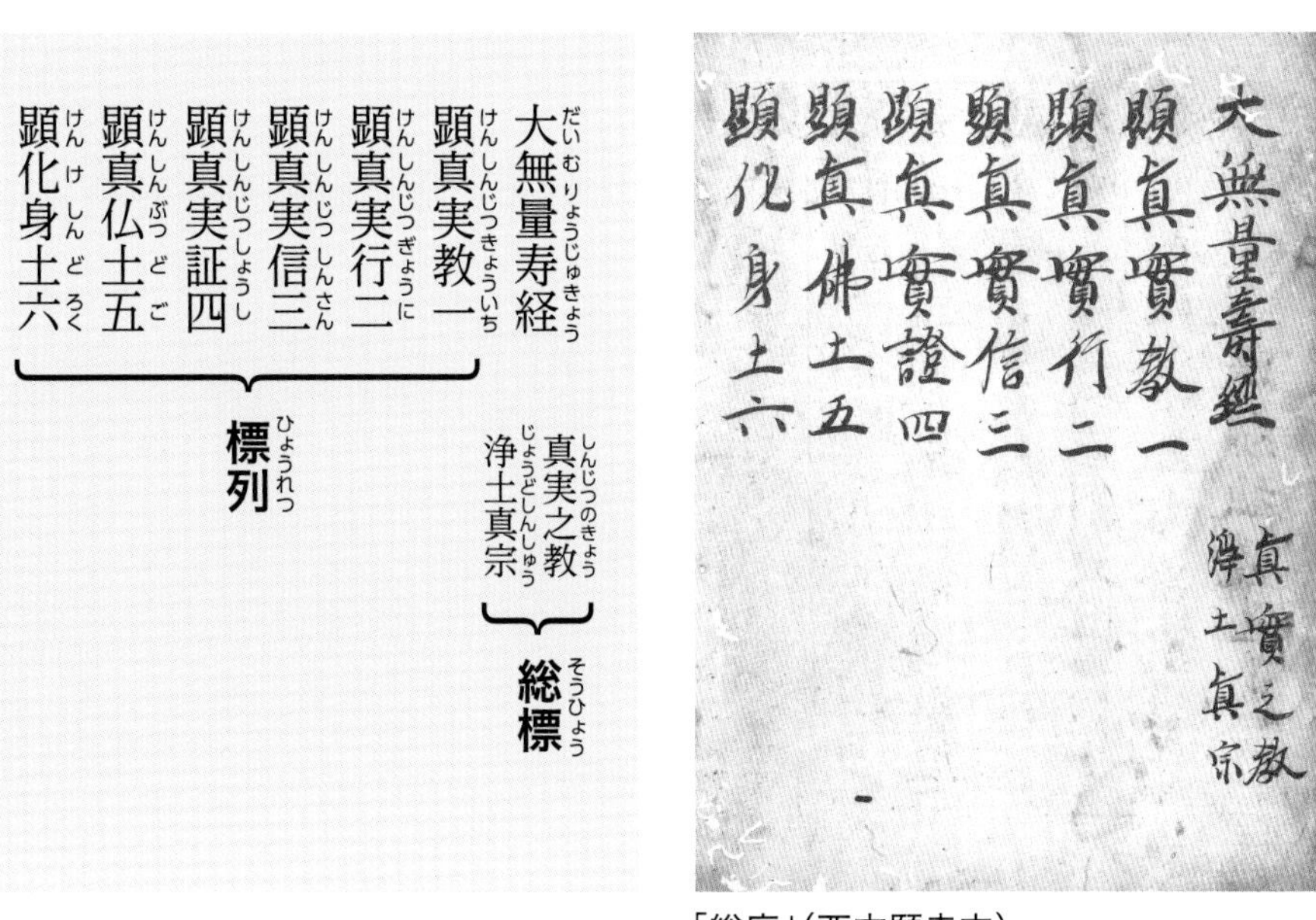

「総序」（西本願寺本）
「坂東本」では欠損している箇所だが、書写本である「西本願寺本」等によってその内容を窺い知れる（本書28頁参照）。

最初にある「大無量寿経　真実之教　浄土真宗」を**総標**と言います。阿弥陀仏の本願が説かれている『大無量寿経』に真実の教えがあり、その教えによって、浄土を真の宗としていく道を『教行信証』全体で顕していくことを明示しています。

そして「顕真実教一」から「顕化身土六」までを**標列**と言い、浄土真宗とは何かを確かめる六つの視点・主題です。言い方を換えれば、この六つの事柄がはっきりするならば、浄土真宗は、教えとして私たちに受け止められていくということを示していると言えます。

まとめると、『大無量寿経』に説かれる真実の教えによって浄土真宗は成り立ち、そのことを「教・行・信・証・真仏土・化身土」という六つの主題で開顕していく書、それが『教行信証』であるということです。

そして、この六つの主題に沿って文類された各巻の題号は、

顕浄土真実教文類一〈教巻〉
顕浄土真実行文類二〈行巻〉
顕浄土真実信文類三〈信巻〉
顕浄土真実証文類四〈証巻〉
顕浄土真仏土文類五〈真仏土巻〉
顕浄土方便化身土文類六〈化身土巻〉

※〈　〉内、通称名

と掲げられており、それぞれ通称して「教巻～化身土巻」＊と呼ばれています。また、『教行信証』の冒頭、「教巻」の前には、

窃かに以みれば、難思の弘誓は難度海を度する大船、無碍の光明は無明の闇を破する恵日なり。

（「総序」聖典第二版159頁）

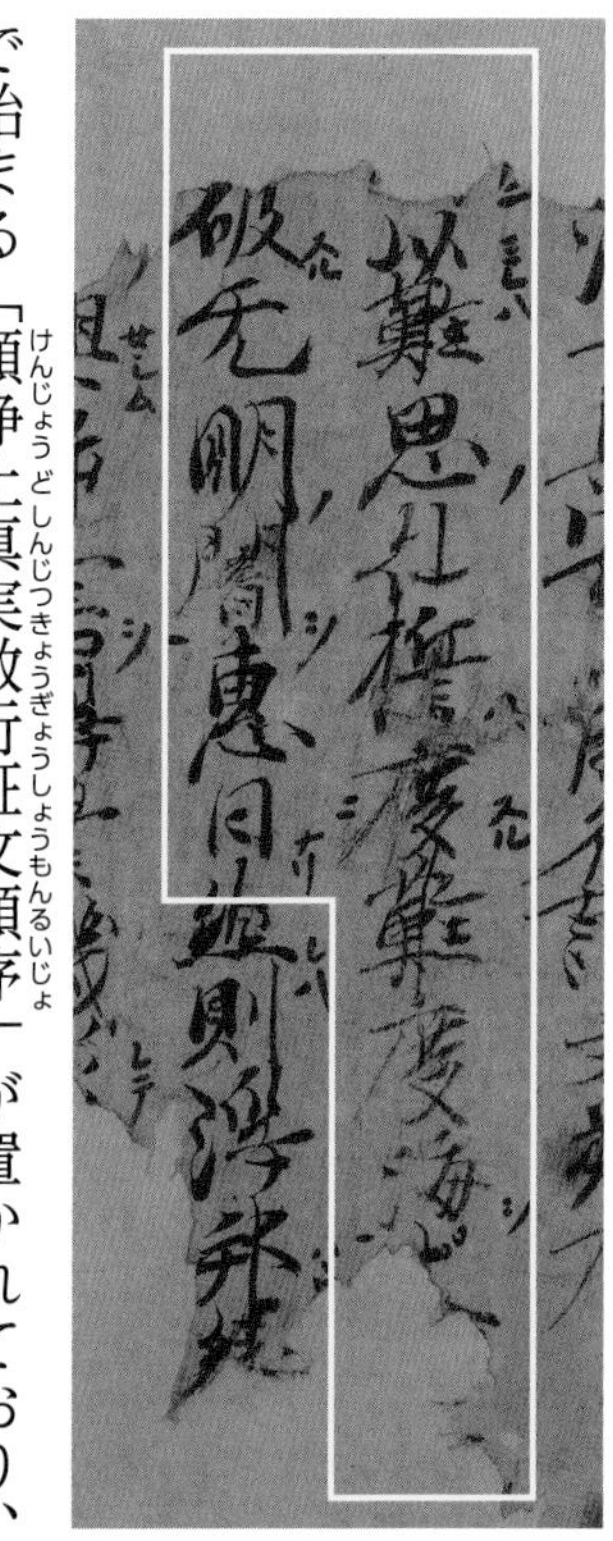

で始まる「顕浄土真実教行証文類序」が置かれており、全体に関わる序の文なので、「総序」と言われています。

また、「信巻」の前に

夫れ以みれば、信楽を獲得することは如来選択の願心より発起す。真心を開闡することは大聖矜哀の善巧より顕彰せり。

（「別序」聖典第二版235頁）

から始まる「顕浄土真実信文類序」が置かれ、「総序」との関わりから「別序」と通称されています。そして「化身土巻」の末尾には、

窃かに以みれば、聖道の諸教は行証久しく廃れ、浄土の真宗は証道今盛りなり。

（「後序」聖典第二版472頁）

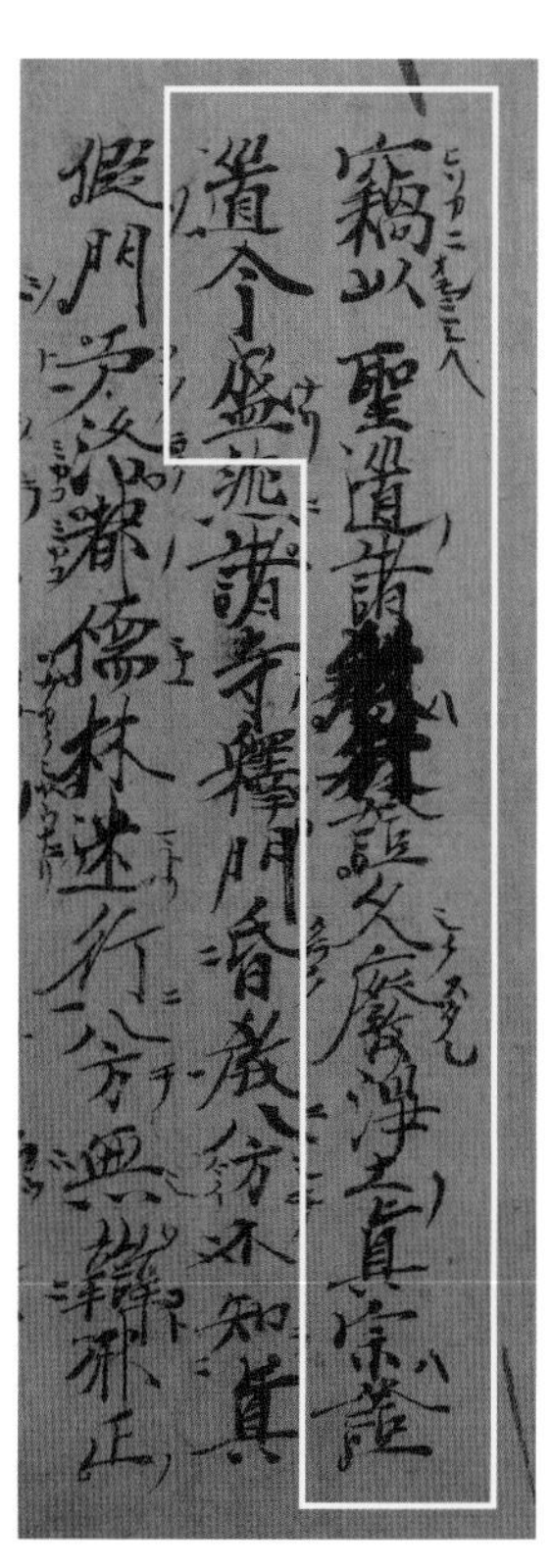

との言葉から始まる跋文があります。「化身土巻」の結びであるとともに、『教行信証』全体を結ぶ流通分にあたる一段として従来受け止められ、序としての題名はありませんが、「後序」と通称されています。

これらを踏まえると、『教行信証』は下図のように構成されている書であると言えます。

【『教行信証』構成図】

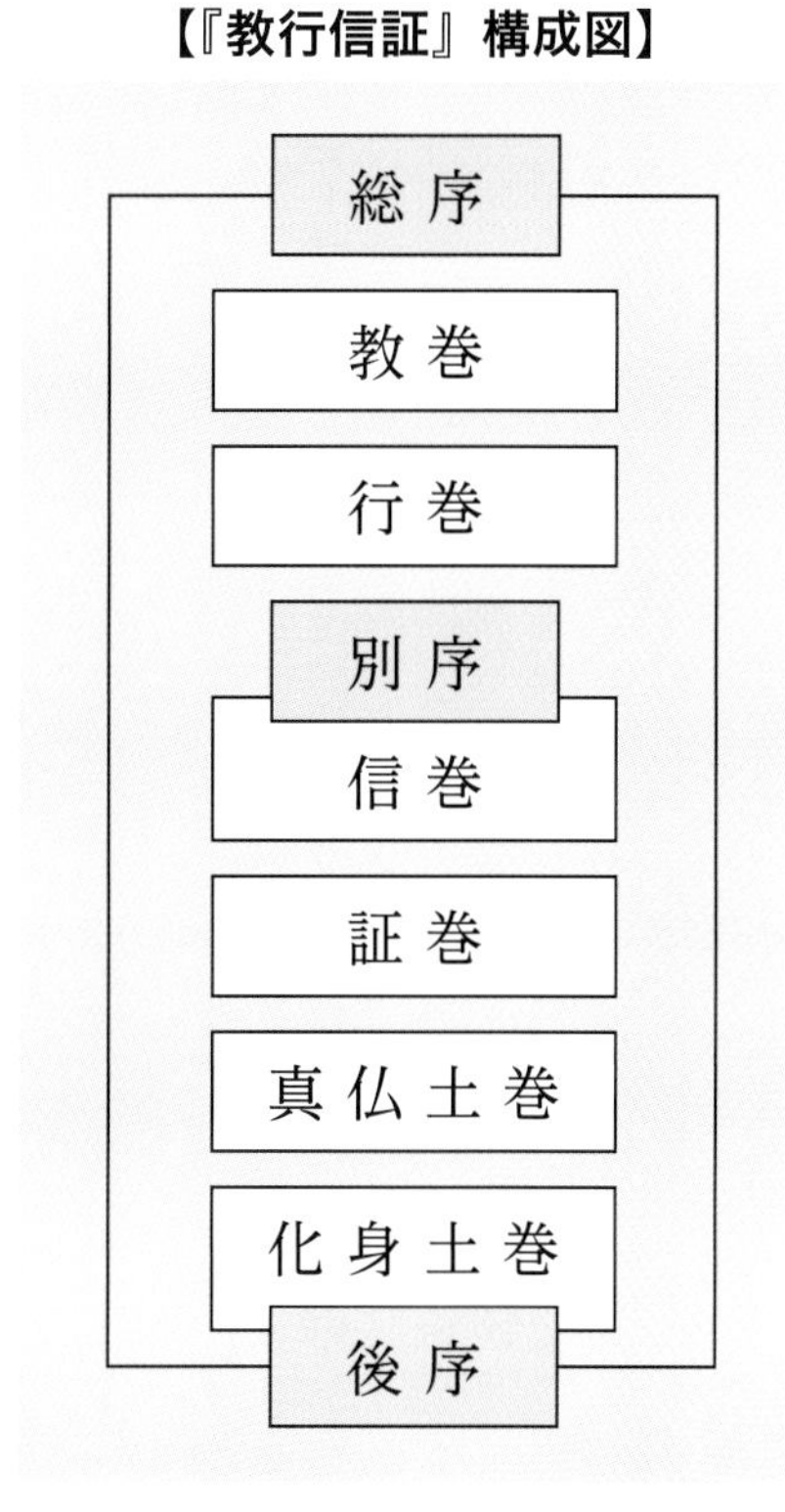

＊親鸞聖人自身がそれぞれの文類をどのように読んでいたかを窺わせる記述として、次の文章がある。

「横超」は本願を憶念して自力の心を離るる、是れを「横超他力」と名づくるなり。斯れ即ち専の中の専、頓の中の頓、真の中の真、乗の中の一乗なり。斯れ乃ち真宗なり。已に「真実行」（行巻）の中に顕し畢りぬ。

（「化身土巻」聖典第二版400頁）

「教巻・行巻・信巻・証巻・真仏土巻・化身土巻」の読み方については、真宗大谷派では慣例として「きょうのまき」というように、「〇〇のまき」と読まれてきており、浄土真宗本願寺派などでは「きょうかん」と「〇〇かん」と読む。

各巻の主題

それでは各巻にどのようなことが記されているのか、それぞれの概要を見ていきましょう。

総序

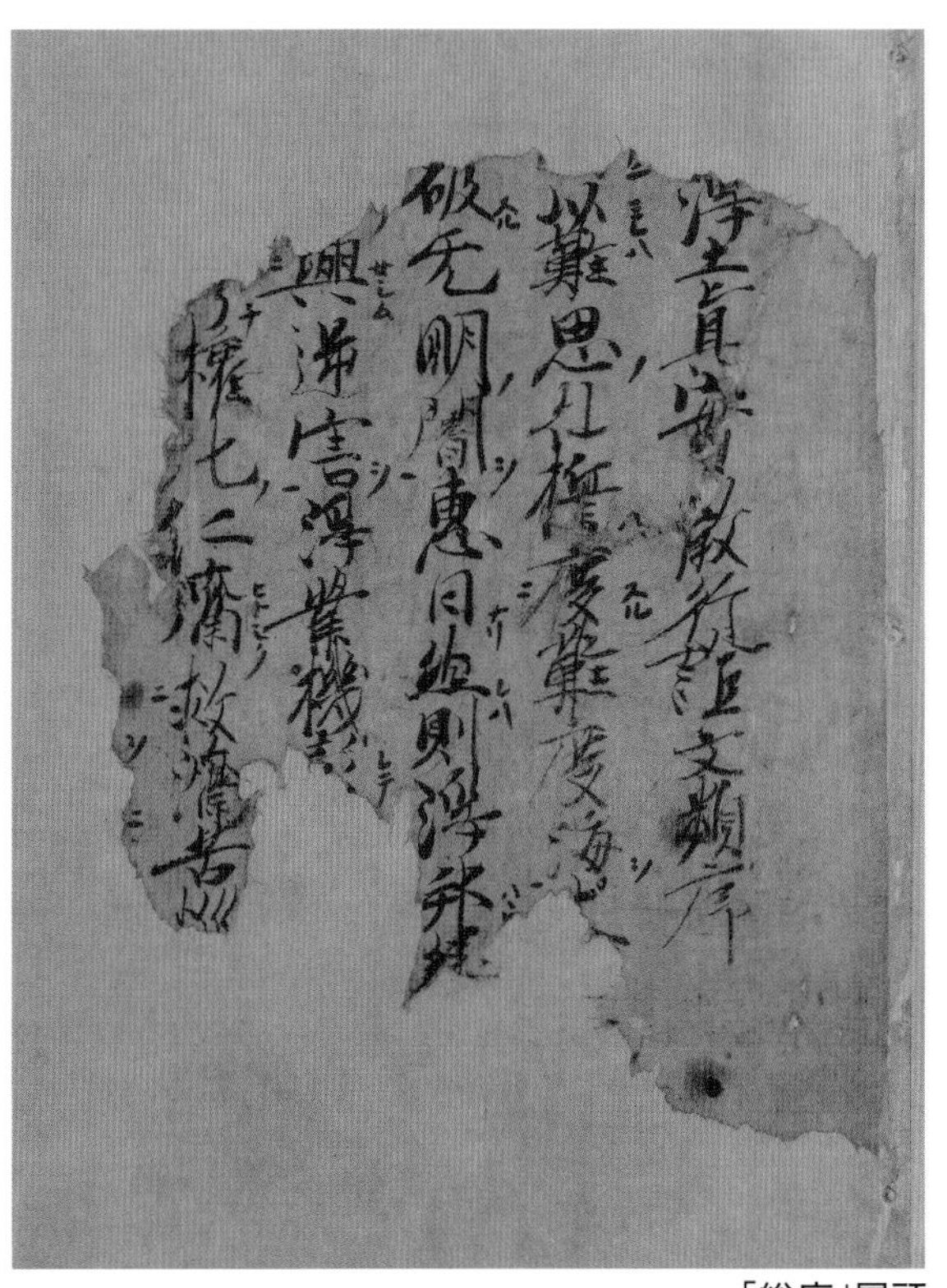

「総序」冒頭

「総序」には、『教行信証』執筆の理由が書かれているとされています。それは、

誠なるかな、摂取不捨の真言、超世希有の正法、聞思して遅慮すること莫かれ。

爰に愚禿釈の親鸞、慶ばしいかな、西蕃・月支の聖典、東夏・日域の師釈に、遇い難くして今遇うことを得たり。聞き難くして已に聞くことを得たり。真宗の教行証を敬信して、特に如来の恩徳深きことを知りぬ。斯を以て、聞く所を慶び、獲る所を嘆ずるなりと。

（聖典第二版160頁）

とあるように*、釈尊が説かれた「摂取不捨の真言、超世希有の正法」に出遇えた感動、「西蕃・月支の聖典、東夏・日域の師釈」と言われるインド・中国・日本の七高僧方が伝えてこられた教えを聞くことができた慶びが記されています。このことが『教行信証』を書く理由と言えます。つまり、『教行信証』は、その全体にわたり、親鸞聖人が教えに遇い得た慶びを記している書とも言えます。

教巻

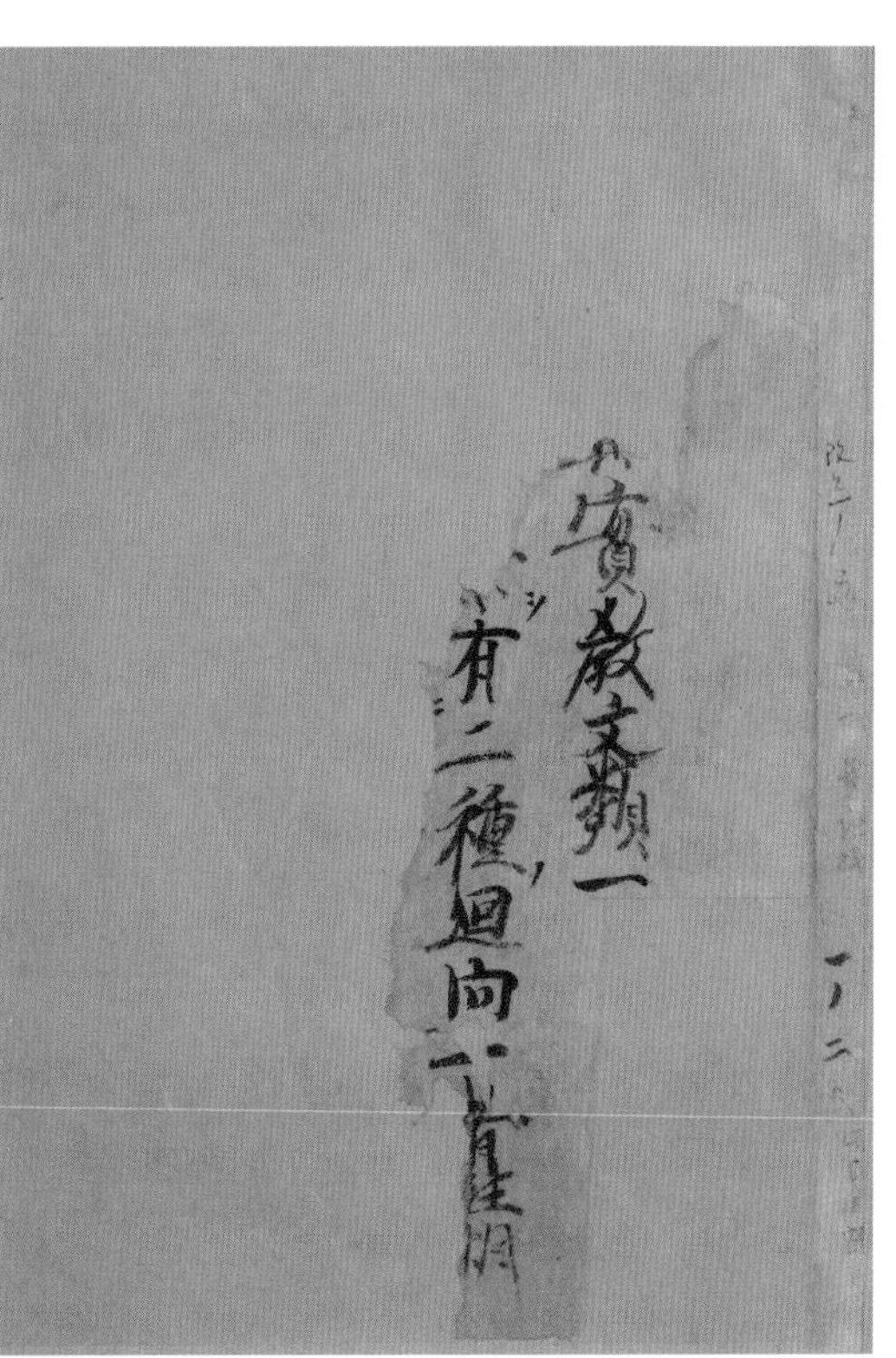

「教巻」冒頭

「教巻」には、文字どおり「教え」について記されています。釈尊が説かれた教えはさまざまにあり、いずれもが大切ですが、その中で私たちが真実の教えといただくべきものは何であるのかを確かめています。そして、**「夫れ真実の教を顕さば則ち『大無量寿経』、是れなり」**（聖典第二版163頁）と示されるように、それは『大無量寿経』であるということがここに顕されています。

行巻

「行巻」冒頭

「行巻」では、真実の「行」とは一体何であるのか。それは念仏、本願の現れである「南無阿弥陀仏」の名号を称することだと顕かにされていきます。その名号のはたらきが歴史を貫いて苦悩する人間の上にあらわれて、摂め取ってきた。そのことを親鸞聖人が感動をもってうたわれたのが、「行巻」の末尾にある「正信念仏偈（正信偈）」です。

信巻

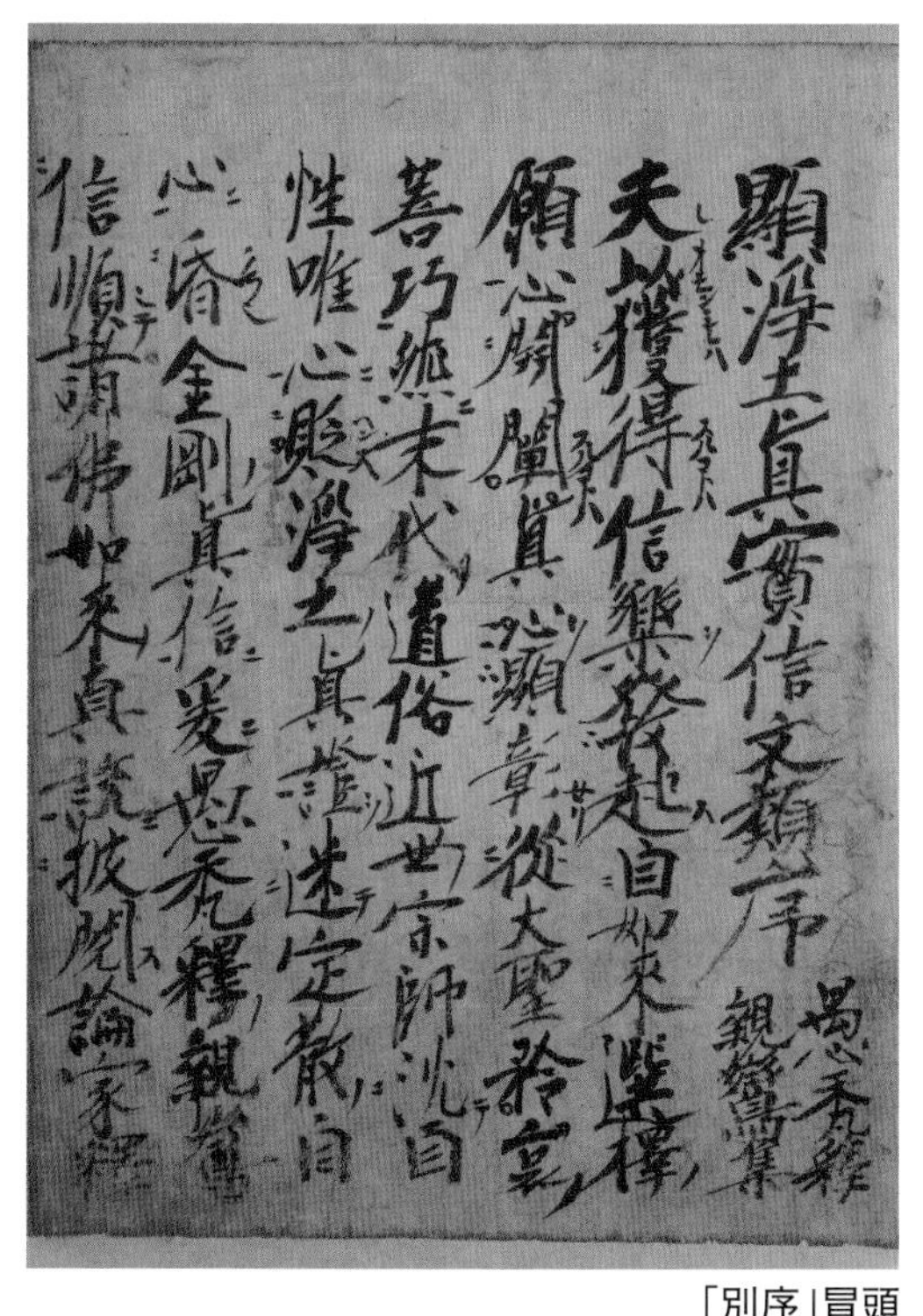
顕浄土真実信文類序　愚禿釈親鸞集
夫以獲得信楽発起自如来選択
願心開闡真心顕彰従大聖矜哀
善巧然末代道俗近世宗師沈自
性唯心貶浄土真証迷定散自
心昏金剛真信爰愚禿釈親鸞
信順諸仏如来真説披閲論家釈

「別序」冒頭

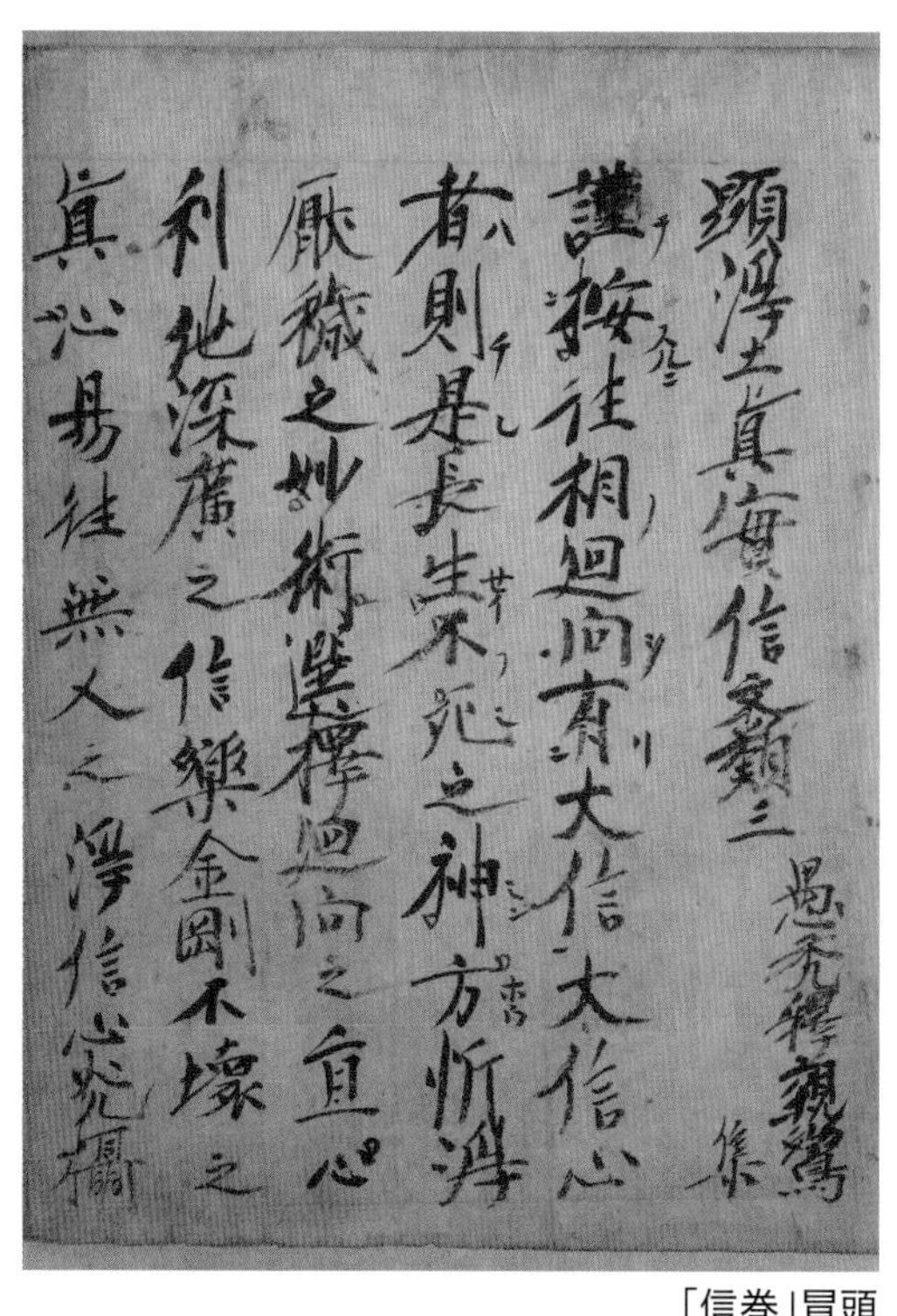
顕浄土真実信文類三　愚禿釈親鸞集
謹按往相回向有大信大信心
者則是長生不死之神方忻浄
厭穢之妙術選択回向之直心
利他深広之信楽金剛不壊之
真心易往無人之浄信心光摂護

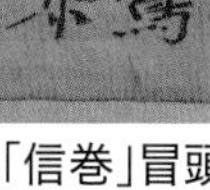
「信巻」冒頭

先ほどふれたように、「信巻」の前には「別序」が置かれます。ここには、浄土真宗の中核になる事柄が「真実信心」、信の問題であることが示されます。言い方を換えれば、「信」が明確になることによって、はじめて「教行証」、すなわち浄土真宗は私たち一人ひとりにおいて明らかになるということです。そのことを特別に序文を置いて押さえた上で、「信巻」が開かれていくという展開です。

「信巻」では、真実の信心は本願を根拠とすること、そしてその信心は、釈尊の導きによって私たちに開かれることを示していきます。そして、「逆謗闡提（ぎゃくほうせんだい）」と言われる仏法に背（そむ）き救われざる者を、信を得るところに摂め取っていく本願のこころを確かめていかれます。

証巻

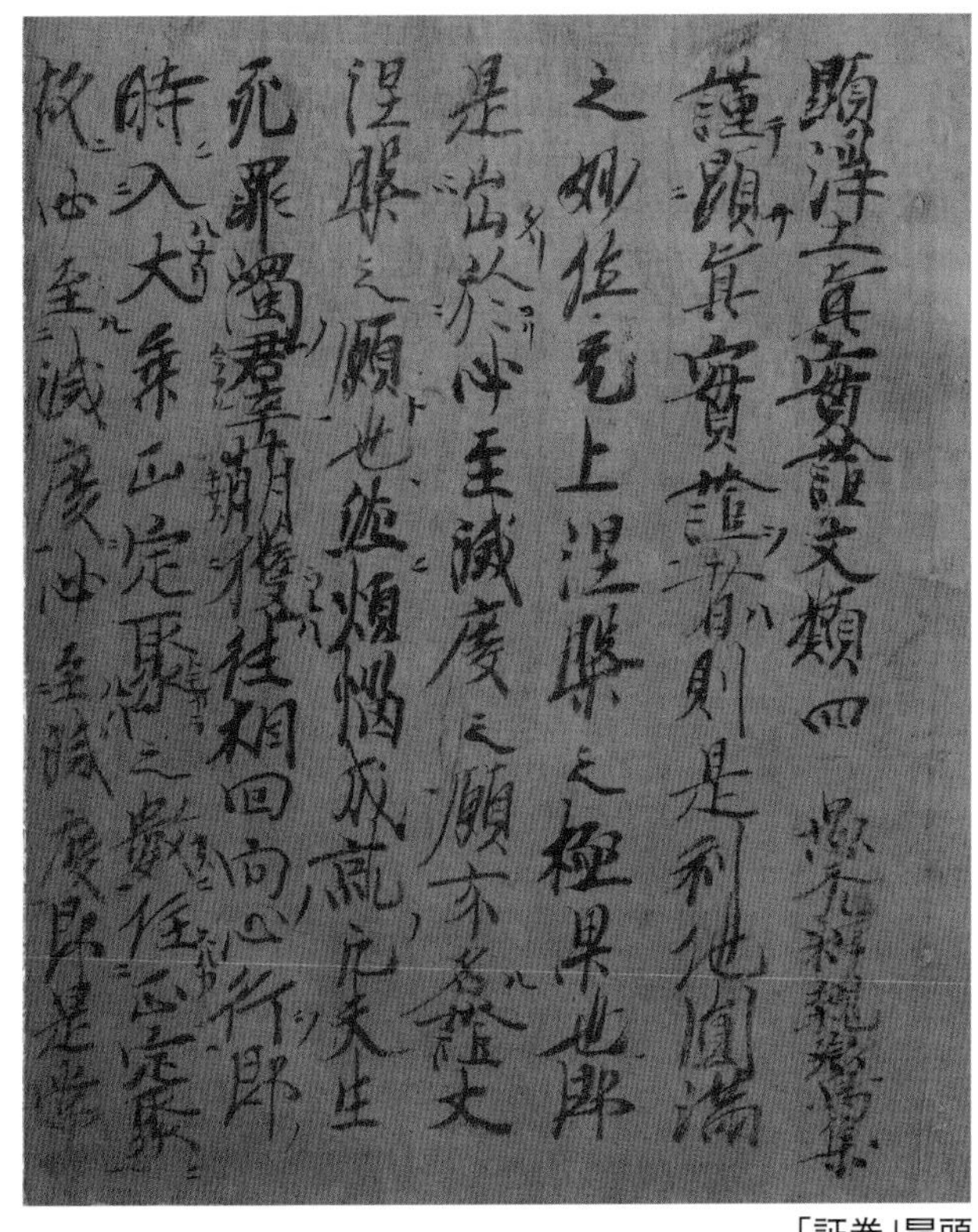

顕浄土真実証文類四　愚禿釋親鸞集
謹顕真実証者則是利他円満
之妙位无上涅槃之極果也即
是出於必至滅度之願亦名証大
涅槃之願也然煩悩成就凡夫生
死罪濁群萌獲往相回向心行即
時入大乗正定聚之数住正定聚
故必至滅度必至滅度即是常楽

「証巻」冒頭

「証」とは、仏教の目的である「さとり」を意味しますが、「証巻」には端的に言えば、念仏することによって私たちにどのような利益（りやく）が与えられ、どのような生き方が開かれるのか。浄土真宗における救いがここで明らかにされています。

真仏土巻

「真仏土巻」冒頭

真の仏土、すなわち阿弥陀仏とはどのような仏で、浄土とはどのような世界なのか。それは、光明・智慧のはたらきとしてあることを顕かにし、私たちはそのはたらきを日々いただいているということを確かめていかれます。

化身土巻

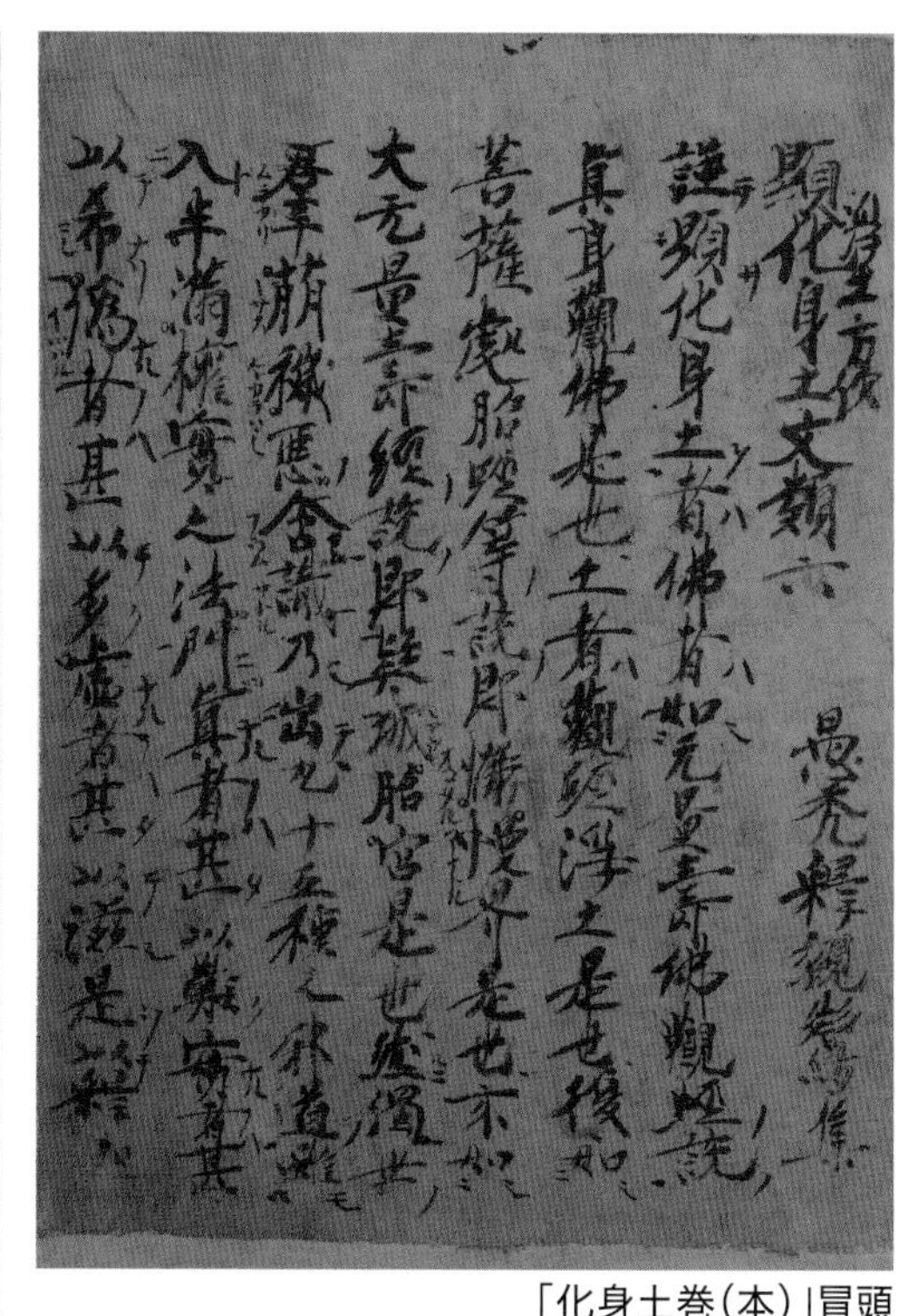

「化身土巻（本）」冒頭

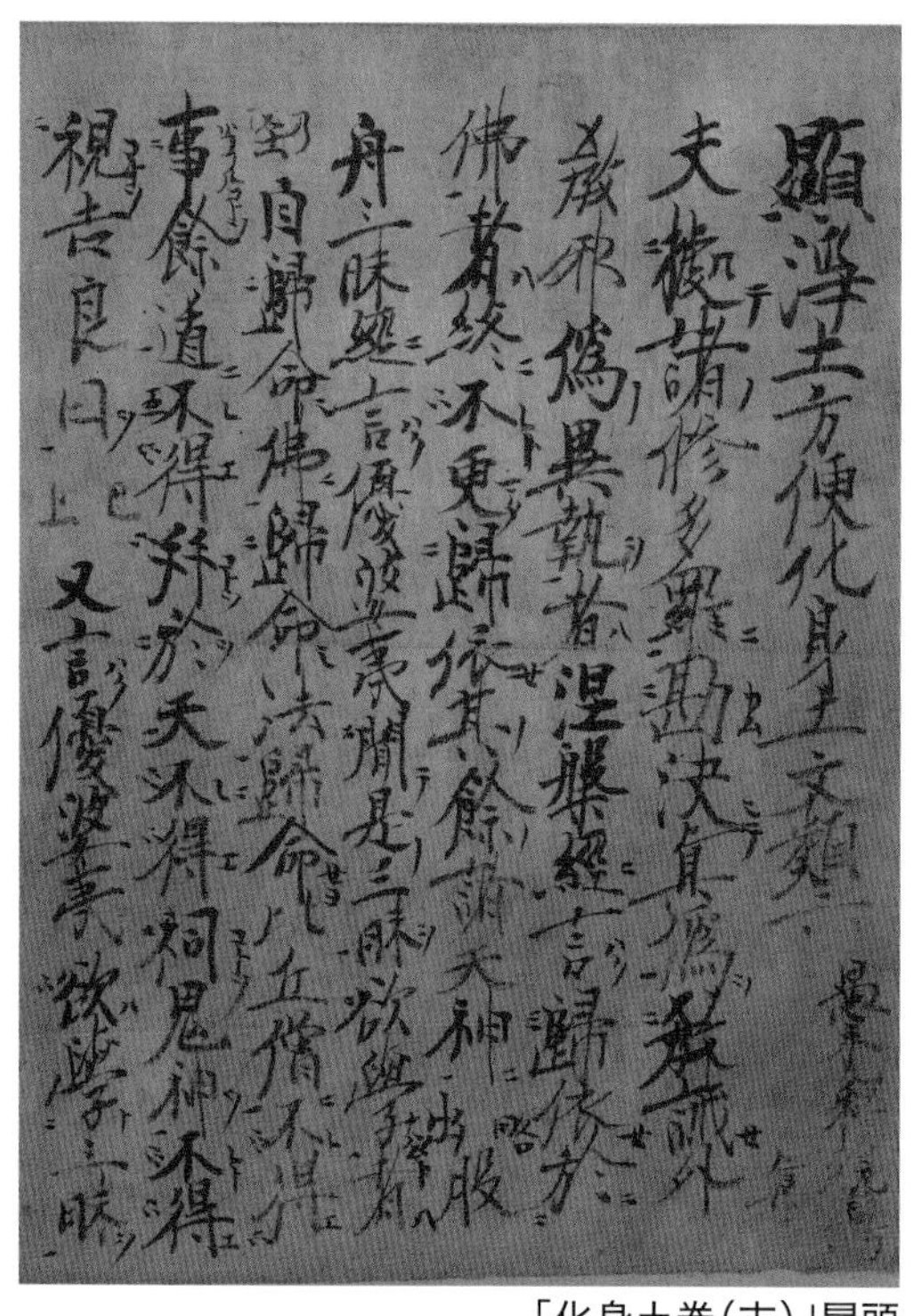

「化身土巻（末）」冒頭

「化身土巻」の「化」とは導くということであり、私たちを真実に導く仏のはたらきかけ（方便）と、そのはたらきの中にある土（世界）のあり方を示しています。それは、私たちが生活するこの世界は、仏の導きを受けていく場であるということ、また、仏の導きを見失うところに、私たちが陥っていく問題を示していると言えるでしょう。そして、この「化身土巻」の末尾には、『教行信証』全体の結びともなる「後序」が置かれています。

＊「坂東本」では「総序」や「教巻」冒頭箇所等が欠損しているが、「西本願寺本」等の書写本によって補うことで、その内容を窺うことができる。詳しくは「三本の『教行信証』」（本書28頁）参照。

『教行信証』撰述の背景

先に述べたように、「総序」には『教行信証』執筆の理由が書かれています。そして「後序」には、なぜ『教行信証』を執筆しなければならなかったのかという事由、つまり撰述の背景が記されています。

まず「後序」では、

竊かに以みれば、聖道の諸教は行証久しく廃れ、浄土の真宗は証道今盛りなり。

（聖典第二版472頁）

〝ひそかに思いを巡らすと、聖道という自らの力によってさとりにいたるためのもろもろの教えは、行も証も廃れて久しく、法然上人が興してくださった浄土真宗は、今、証りへの道が盛んである〟と言われます。しかしそこから、その法然上人の専修念仏の教えに対して、既存教団と国家による激しい弾圧があったことが記されていきます。具体的には、一二〇七年に起こった「承元の法難」と呼ばれる弾圧です。これによって、法然上人をはじめ親鸞聖人や他の門弟は還俗させられた上に流罪となり、死罪となった念仏者もいたこと。

また、

爾れば已に僧に非ず俗に非ず。是の故に「禿」の字を以て姓とす。

（聖典第二版473頁）

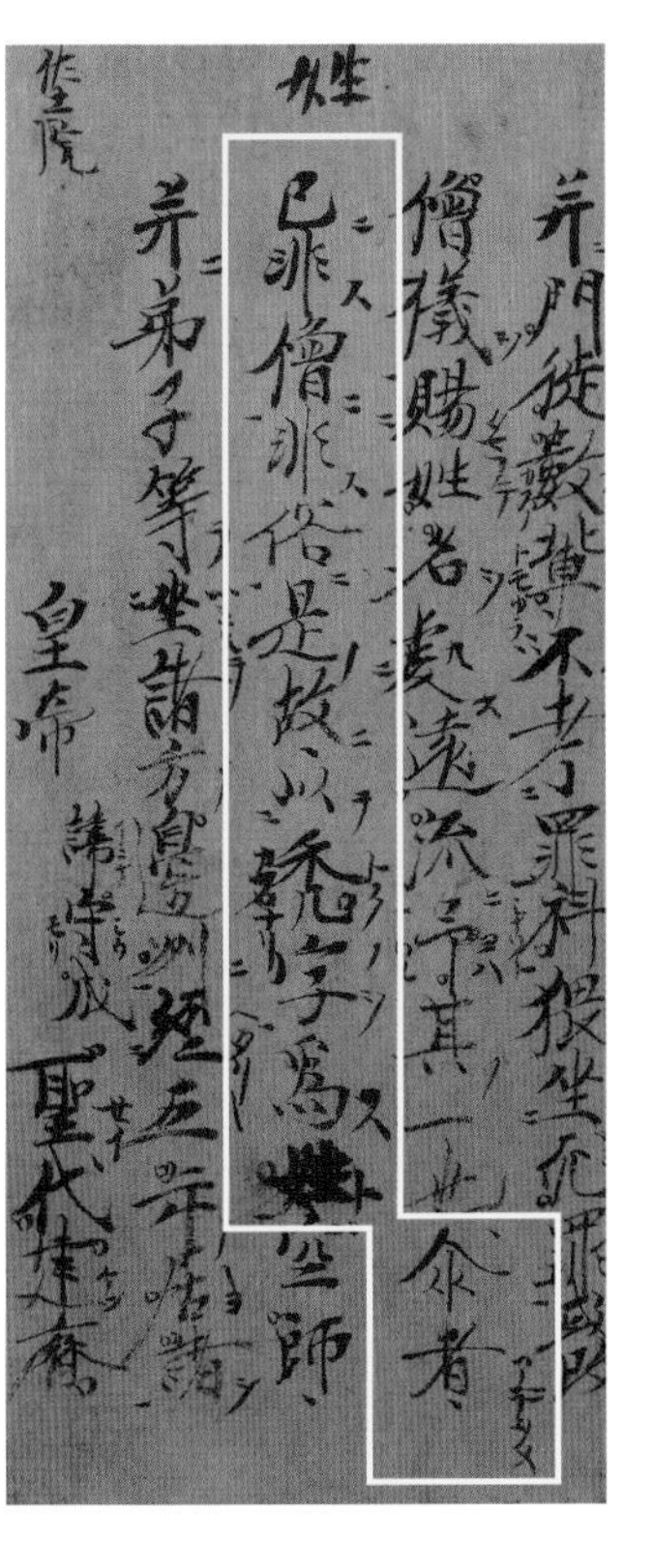

と、いわゆる非僧非俗という聖人の立場を表す「禿」の名乗りの由来がここにあることが示されています。

そして、その罪が赦され、法然上人は京都に帰って間もなく入滅されたことが記されますが、そこから時間は遡り、親鸞聖人が二十九歳の時、法然上人と出遇い、浄土真宗に生きる身となったことが次のように述べられています。

然るに、愚禿釈の鸞、建仁辛の酉の暦、雑行を棄てて本願に帰す。

（聖典第二版474頁）

さらに、法然上人が著された『選択本願念仏集』、そして法然上人の御影を書き写すことを許されたことが深い感動をもって示されていきます。続いて、

慶ばしいかな。心を弘誓の仏地に樹て、念を難思の法海に流す。深く如来の矜哀を知りて、良に師教の恩厚を仰ぐ。慶喜、弥いよ至り、至孝、弥いよ重し。

茲れに因りて、真宗の詮を鈔し、浄土の要を摭う。

（聖典第二版475～476頁）

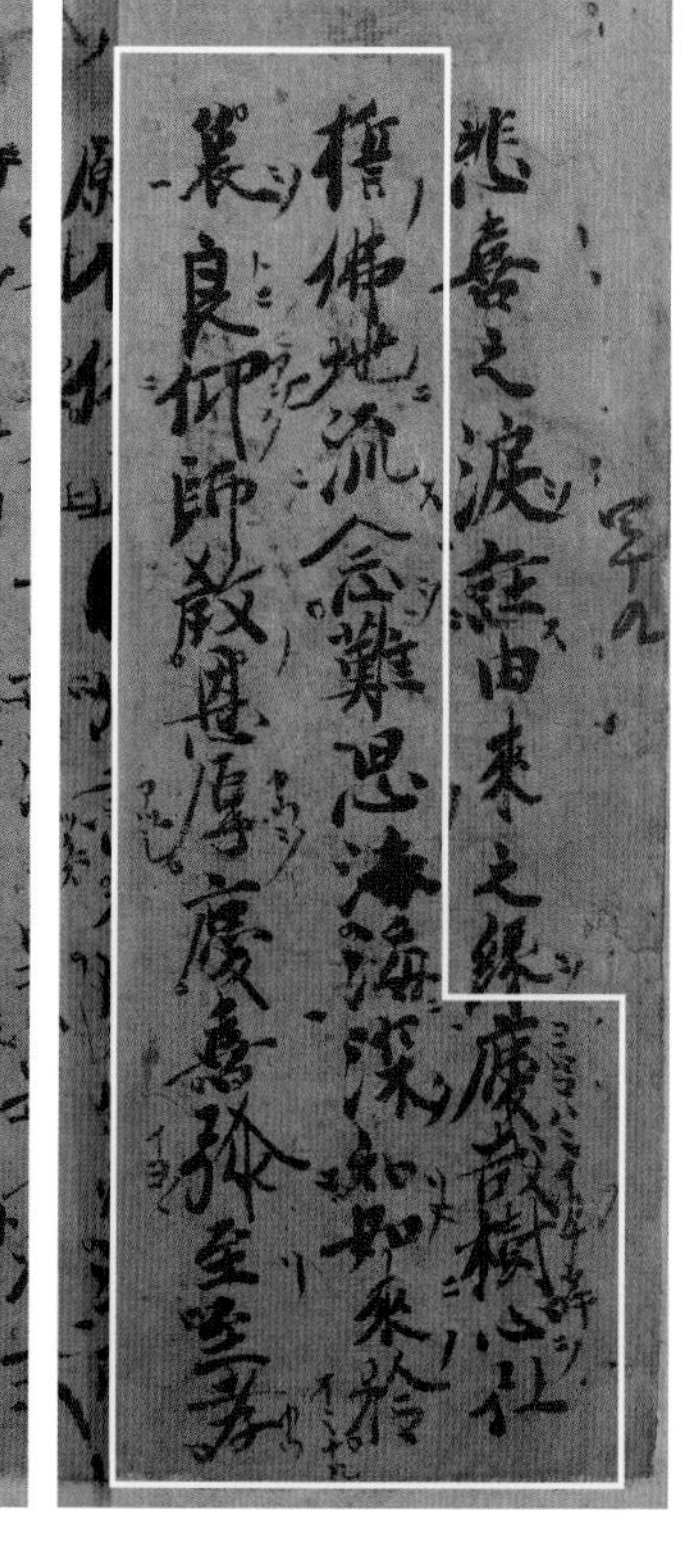

と記されています。ここは〝慶ばしいことである。本願を信じる心をもって、念仏する中に思い難い仏の法に思いを巡らせる。それによって我々を大いに哀れむ如来の深いおこころを知り、法然上人のご恩・恵みがどれほど尊いものであるかを仰ぐばかりである。喜び

はいよいよ極まりなく、法然上人の導きに応えなければならない思いはいよいよ重いものとなっている。これによって、浄土真宗を顕す要の言葉を抜き出して摭い上げる〟と読むことができるでしょう。

つまり、法然上人をとおして念仏、浄土真宗の教えに出遇い得た者の責任として『教行信証』を執筆するのだということです。

承元の法難をはじめとした弾圧によって、浄土真宗の教えは批判・否定され続けている。しかし、法然上人はもうこの世におられない。自分がいただいた浄土真宗の教え、それはまさに「浄土の真宗は証道今盛り」であることを開顕していかなくてはならないとして、先の言葉の前に、

悲喜の涙を抑えて由来の縁を註す。（聖典第二版475頁）

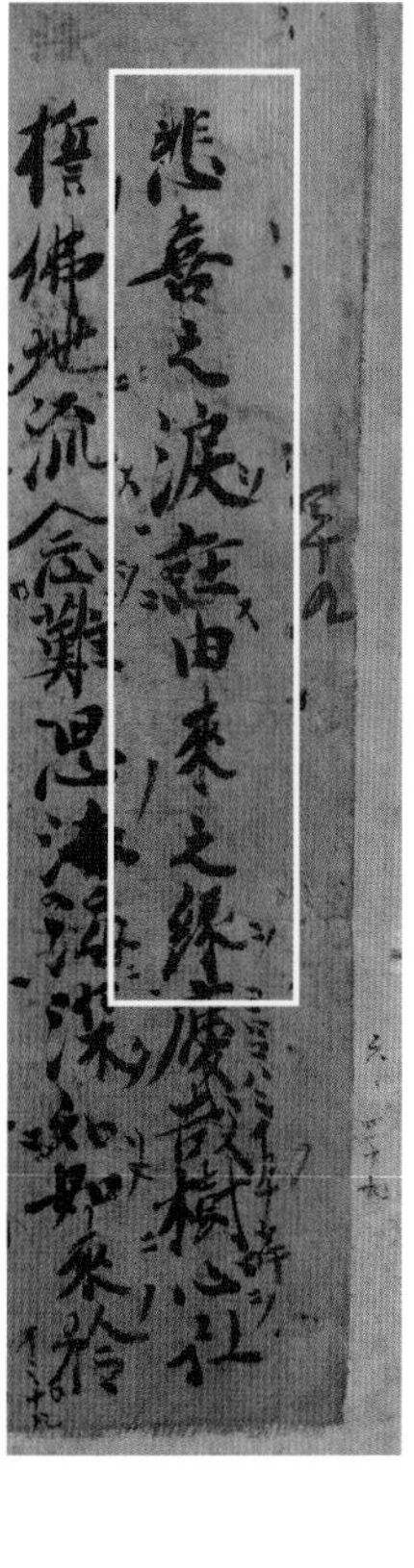

という言葉を記されています。まさに法然上人をとおして教えに出遇い得た喜びと、もう法然上人と会い得ない悲しみの中、その責任を担って『教行信証』を撰述されたのです。ここに親鸞聖人が『教行信証』を書かれた、書かざるを得なかった背景があります。

撰述方法―「文類」という営み―

『教行信証』を著されたのは確かに親鸞聖人ですが、その大半は前に紹介したように「文類」という、教えの要となる言葉、「要文」*を摭い集めるという方法で書かれています。その営みについて具体的に見ていきましょう。

*「彼の『懺儀』に依りて要文を鈔して云わく」（聖典第二版250頁）とあるように親鸞聖人は、文類した文章を「要文」、要の文章であると受け止めていることが窺い知れる。

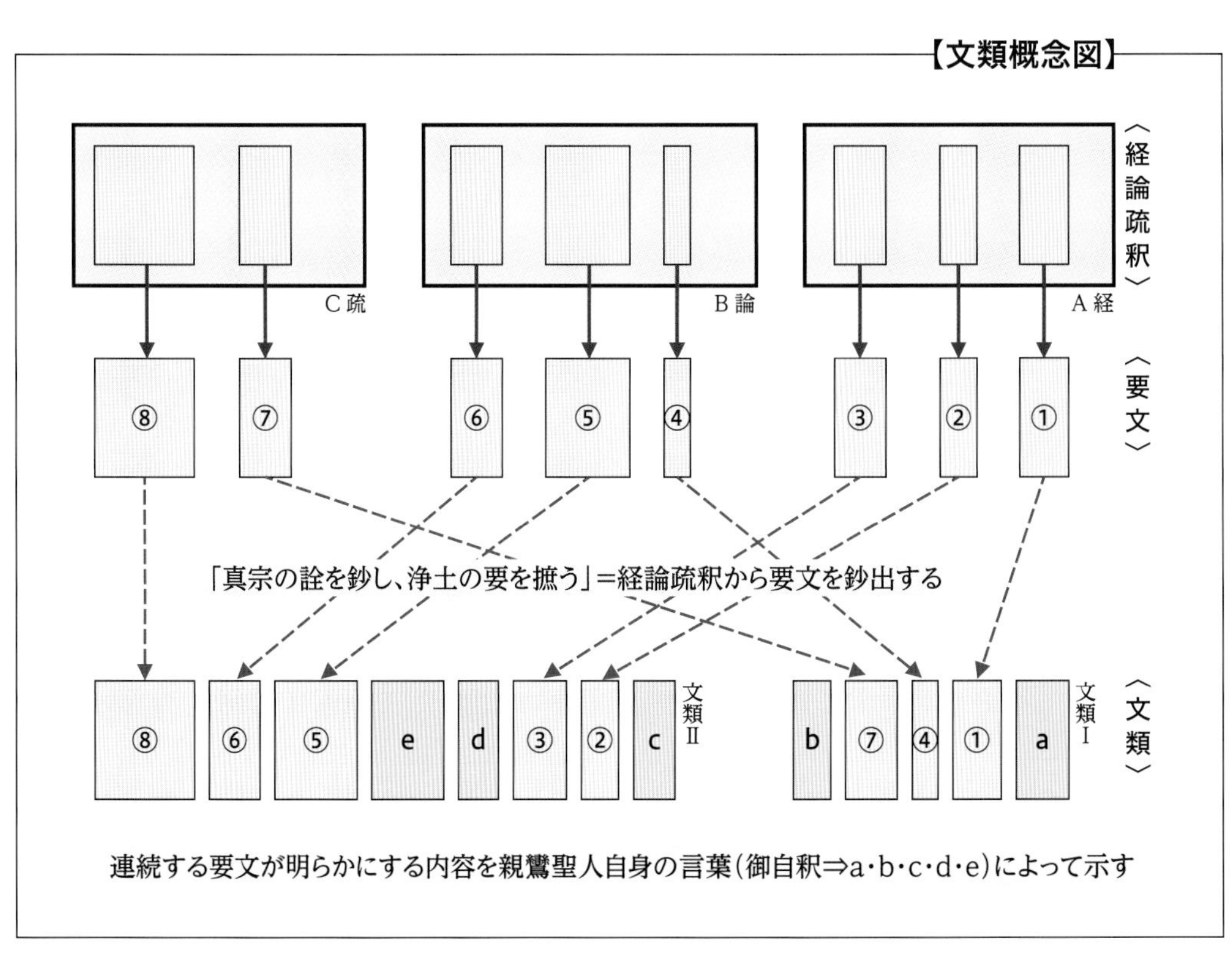

上記の【文類概念図】にある「A経」は釈尊が説いた教えを記した「経典」を指します。例えば「浄土三部経」の『仏説無量寿経』としましょう。「B論」は主にインドの仏者が経説を解釈した「論」と言われる典籍群です。例えば龍樹菩薩の『十住毘婆沙論』、あるいは天親菩薩の『浄土論』。また論の中には、曇鸞大師の『浄土論註』も含められます。そして「C疏」は、中国・日本の仏者が経論を解釈した「疏（あるいは釈）」です。例えば道綽禅師の『安楽集』や善導大師の『観経四帖疏』。あるいは源信僧都の『往生要集』や法然上人の『選択本願念仏集』などを指します。

親鸞聖人はこれらの聖教の中で、要となる教えの言葉をいくつも抜き出していきます**【図〈要文〉・①～⑧】**。これが、「真宗の詮を鈔し、浄土の要を摭う」という営みです。ここまででも大変なお仕事ですが、聖教の言葉をただ抜き出して終わりとはなりません。

文類の「類」には、〝主題に基づき集めて並べる〟という意味があります。親鸞聖人は、例えば、念仏につ

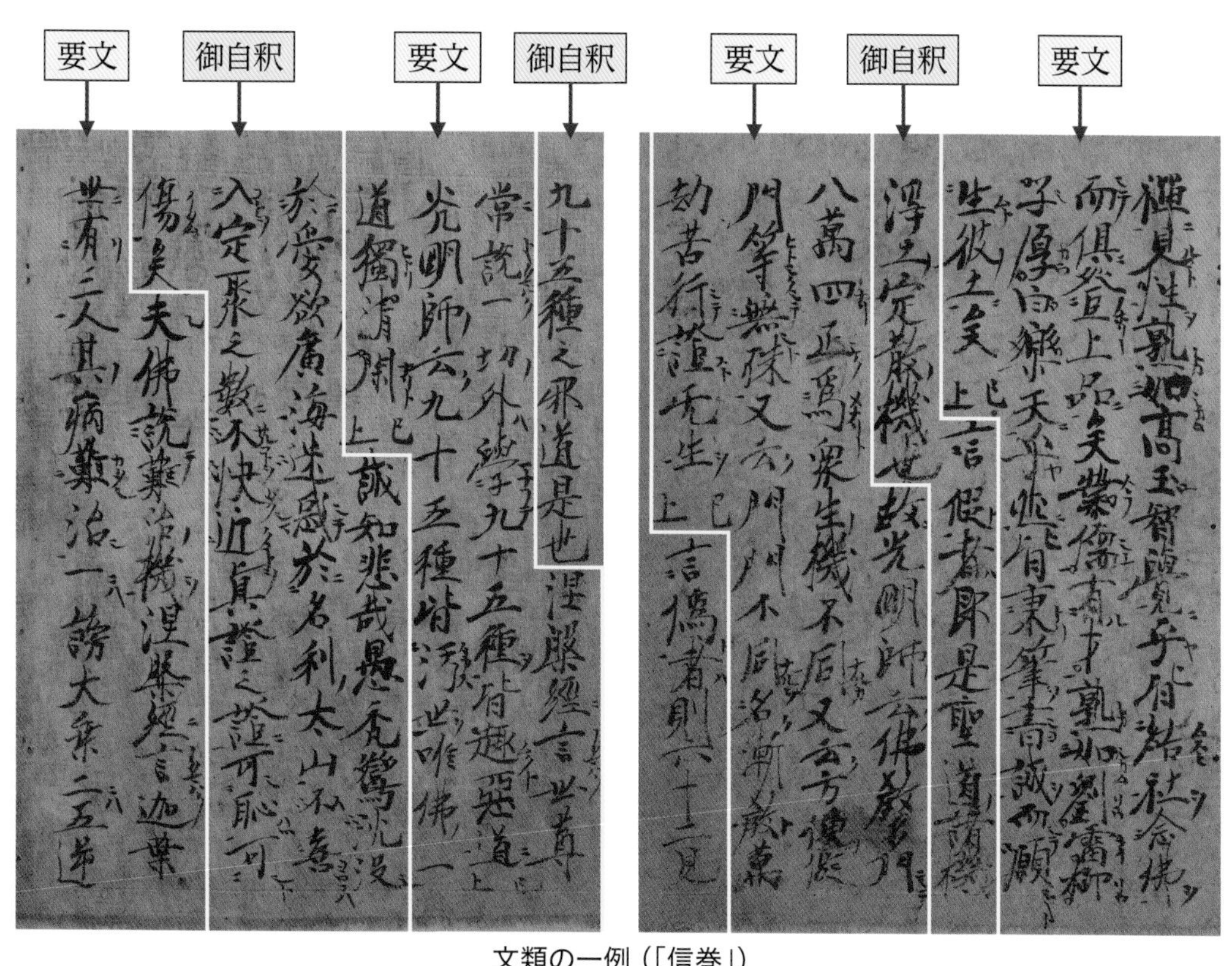

文類の一例（「信巻」）

いて明らかにする言葉は「行巻」に、信心について明らかにする言葉は「信巻」にと、抜き出した教えの言葉をそれぞれの主題ごとに配列されています。これが文類という方法です。

そして、それぞれの教えの言葉の前に、あるいは区切りの箇所に、親鸞聖人が自身の言葉を加えられます**【図・a〜e】**。これが「御自釈（ごじしゃく）」と呼ばれる文章です。

ですから『教行信証』は、漫然と聖教の言葉を並べた書ではありません。釈尊のおこころを顕す多くの言葉の一つ一つが明らかにしているのは、真実の教えか、念仏か、真実信心か、信心の利益なのか…その聖人のいただきのもとに再配置する。これは『教行信証』に登場する全ての書物を何度も、徹底的に読み込んでいなければ到底できない作業です。こうして、それぞれの主題ごとに抽出された要文の結晶。これが『教行信証』になるわけです。

『教行信証』はいつ書かれたのか

では、親鸞聖人は『教行信証』をいつから書き出され、いつごろ書き終えられたのでしょうか。残念ながら、はっきりとしたことは尋ねようがありません。「後序」に法然上人の入滅について記されていますから、少なくとも上人入滅後であることは間違いありません。

ただし、『教行信証』の「教巻」から「化身土巻」に至る構成などが、どの時点で親鸞聖人の中で明確になったのかは、やはり不明と言わざるを得ません。

しかしながら「坂東本」に見られる親鸞聖人の筆遣いを見ると、その大部分が五十八歳から六十二歳ごろにお書きになった文字と非常に近い特徴を持つことが指摘されています。ですから、六十歳ごろに記されたのであろうと言われています。

親鸞聖人がいつ関東から京都にお帰りになったのかということも、はっきりしていませんが、六十二、三

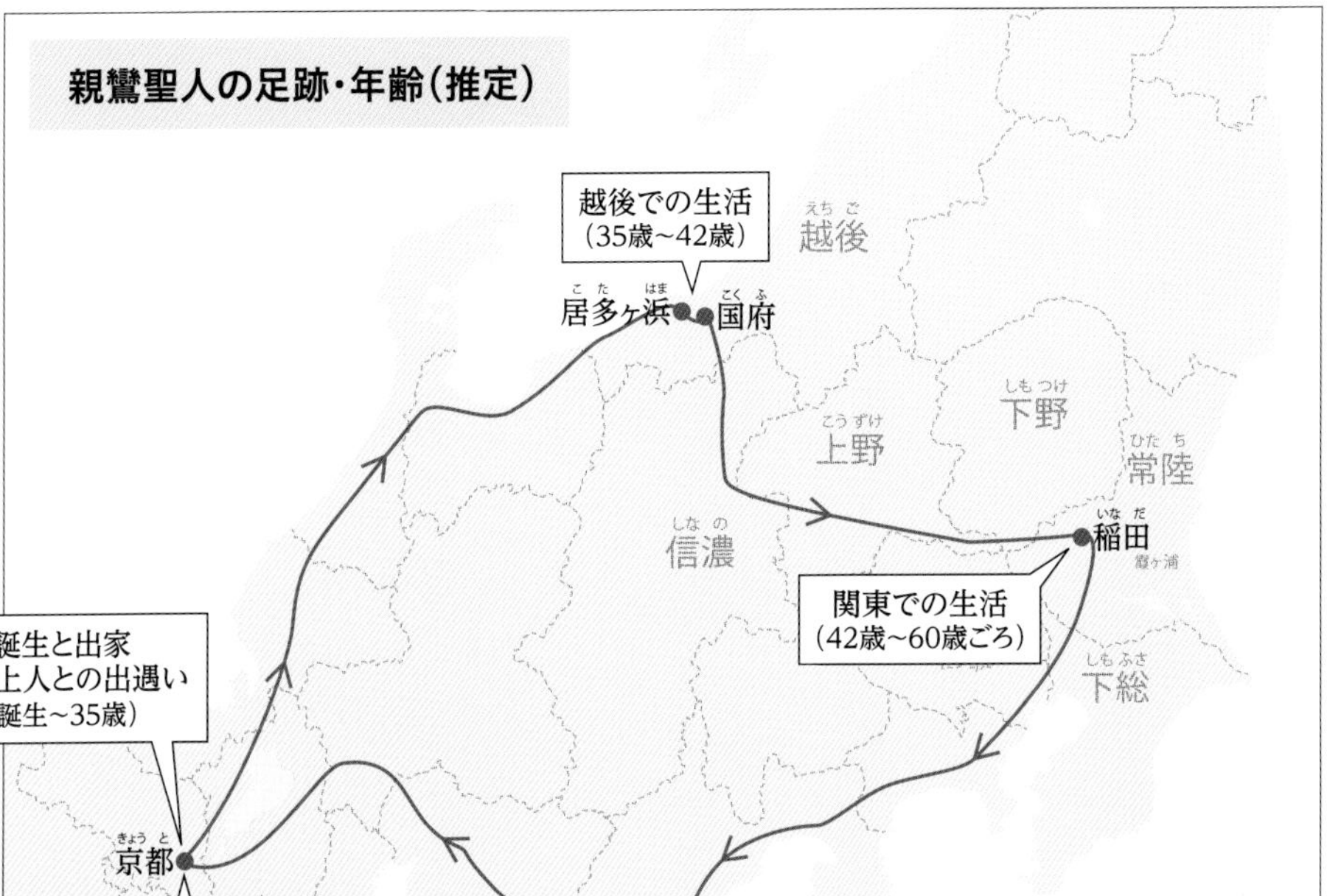

親鸞聖人の足跡・年齢（推定）

越後での生活（35歳～42歳）
越後
居多ヶ浜
国府
下野
上野
常陸
信濃
稲田
霞ヶ浦
関東での生活（42歳～60歳ごろ）
下総
誕生と出家
法然上人との出遇い
（誕生～35歳）
京都
京都での生活（60歳ごろ～90歳）

※点線は現在の県境

歳ごろと指摘されています。また、京都にお帰りになった時には、すでに「坂東本」の漢文については、ほぼ記し終えていたのではないかと推測されています。そしてその後、親鸞聖人が七十五歳の時に、尊蓮という方が『教行信証』を書写しており、その書写されたものの写しが残っています。

実は、『教行信証』がおおよそ私たちが拝見するようなかたちで成り立ったのはこの時期であろうと言われています。その理由は、尊蓮による書写の翌年、親鸞聖人が七十六歳の時に『浄土和讃』『高僧和讃』を著されたことと関係しています。

『教行信証』「行巻」では、「正信偈」が記される前に

大聖の真言に帰し、大祖の解釈に閲して、仏恩の深遠なるを信知して、「正信念仏偈」を作りて曰わく

（「行巻」聖典第二版226頁）

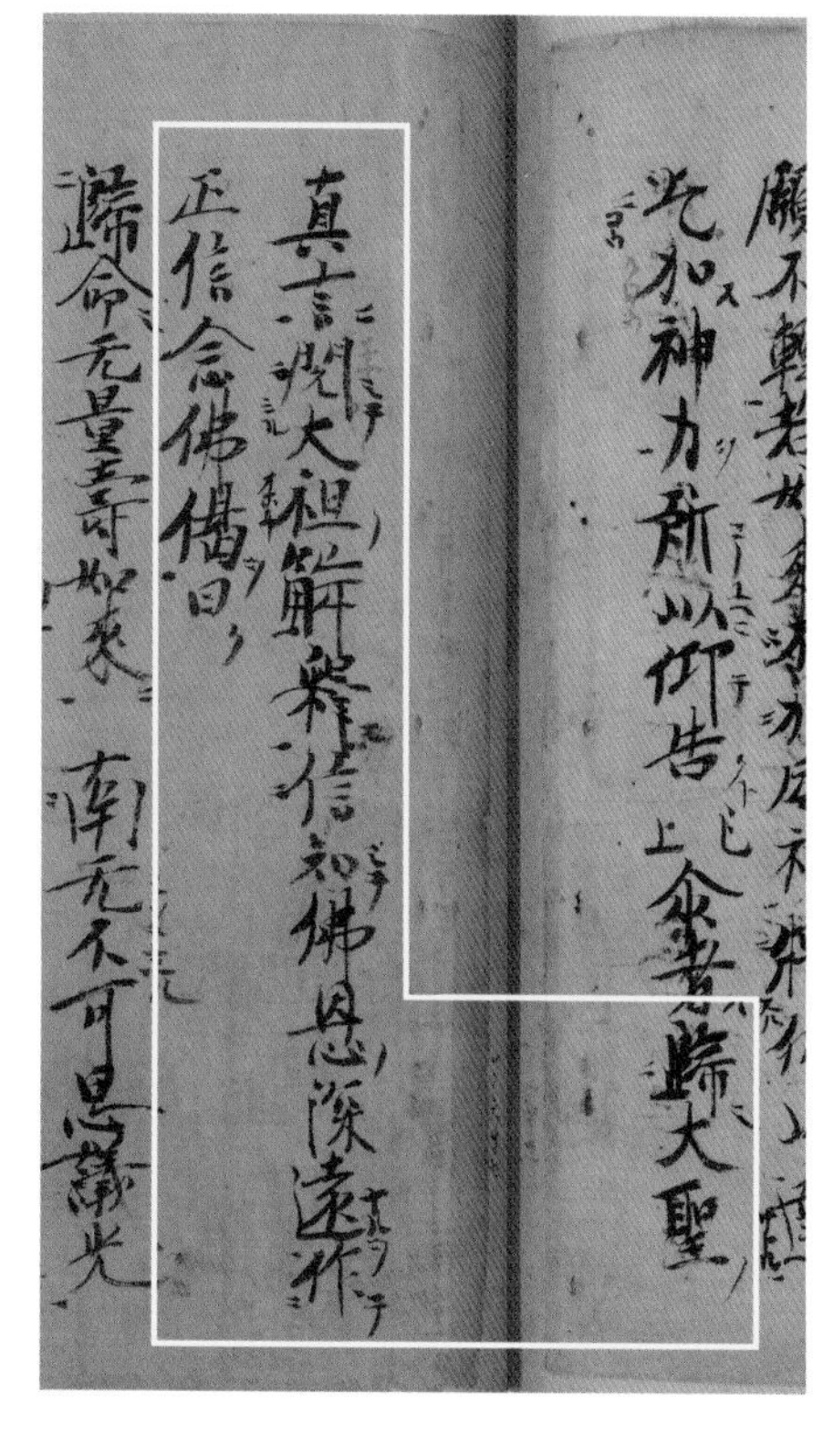

と示されています。「大聖の真言」とは、大聖釈尊の真の言葉です。そして「大祖の解釈」とは、七高僧の著されたものです。つまり〝釈尊の真の言葉に帰し、七高僧の著されたものを開き見て、仏恩のはかりしれなさを知った〟ということです。その恩を知り徳に報いようとする聖人の念いから、「正信偈」が作られていきます。

「正信偈」ばかりでなく、先に紹介した撰述の方法を見ても明らかなように、『教行信証』はその全体が「大聖の真言」と「大祖の解釈」、釈尊の教えと七高僧の言

葉に貫かれてある書物です。そして、『浄土和讃』は釈尊が説かれた浄土三部経を基に歌にしたものです。また、『高僧和讃』は七高僧方の言葉を基に歌にしたものですので、まさしく「大聖の真言」と「大祖の解釈」です。ここに『教行信証』と一貫する軸が通じていくわけです。

これらの和讃の制作が、七十五歳の時に『教行信証』の書写を許した、つまり他の人に公(おおやけ)にしたということと、深く関わっているということが指摘されています。そういうことから、おおよそ七十五歳の時に『教行信証』の一つの完成というものを見ていくことができます。

二

「坂東本」とは

いよいよ、ここからは「坂東本」の概要を尋ねていきます。その来歴や名称の由来、また重要な二本の書写本にもふれ、三本の『教行信証』をとおして見えてくることを窺ってみましょう。

三本の『教行信証』

『教行信証』の本文や成立の過程を尋ねるにあたり、欠かすことができないのが原典である「坂東本」、そしてそれを基に作成された書写本の存在です。ここから、「坂東本」とあわせて、親鸞聖人の入滅の前後に成立した二本の『教行信証』を紹介します。

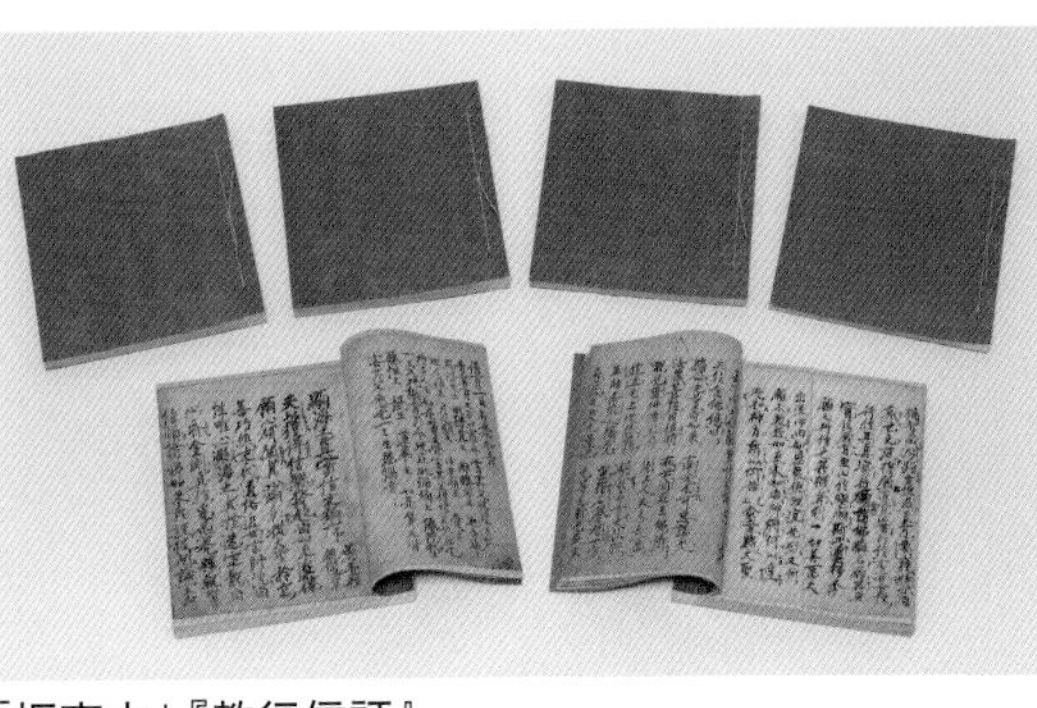
「坂東本」『教行信証』

「坂東本」

「坂東本」は、現存する唯一の親鸞聖人自筆の『教行信証』です。聖人が六十歳ごろから最晩年に至るまで手元に置かれていたものということは、まず間違いがないと指摘されており、執筆後、聖人の手によりさまざまな書き込みや書き改めが行われた跡を残しています。

親鸞聖人が一二六二（弘長二）年に亡くなられた後、経緯は不明ですが、この自筆の『教行信証』は門弟の性信房（一一八七～一二七五）に預けられます。性信房は、親鸞聖人の晩年、関東の同朋たちの間で念仏の教えの受け止めについての混乱が起こった際、その状況を収束させることに多大な力を注がれた方です。

この性信房を開基とする報恩寺（現・東京都台東区）が

坂東報恩寺

「化身土巻（末）」の奥書
「沙門性信」の署名が見られる。

現在もあります。古くから坂東報恩寺と呼ばれ、このお寺によって大切に崇敬護持されてきたことから、親鸞聖人自筆の『教行信証』は、「坂東本」と通称されます。報恩寺で「坂東本」が護持されていく中にあっては、十回を超える火災に遭遇したと言われ、その中でも一九二三（大正十二）年の関東大震災による被災は、最も大きな危機の一つでした。当時は、保管に万全を期すため、「坂東本」は浅草別院の金庫に保管されており、別院の堂宇は全焼したものの、辛うじて「坂東本」は焼失を免れています。その後、東本願寺に保管が委託され、現在に至っているという経緯があります。

「専修寺本」

「安城御影」と呼ばれる親鸞聖人の御影があります。親鸞聖人八十三歳の時に描かれたものですが、当時、聖人の門弟である専信房専海という方が『教行信証』の書写を許され、それとともに、この御影を渡されました。ですからこの御影は、実は『教行信証』と深く関わるものなのです。その時書写された『教行信証』は、残念ながら現在は伝わっていませんが、後に高田専修寺の第二世の真仏上人（一二〇九～一二五八）が、この専海が書写した『教行信証』を書写しています。これ

安城御影（東本願寺蔵）〔重要文化財〕

「専修寺本」『教行信証』

が現在、高田専修寺に伝えられている、いわゆる「専修寺本」です。真仏上人は、親鸞聖人が八十六歳の時に亡くなられていますので、「専修寺本」は親鸞聖人が存命中に書写された『教行信証』ということになります。

「西本願寺本」

そして親鸞聖人が亡くなられて十三年後の一二七五（文永十二）年に書写された『教行信証』が、現在、西本願寺に伝わっている、いわゆる「西本願寺本」です。

「西本願寺本」『教行信証』

「専修寺本」「西本願寺本」は、いずれも重要文化財の指定を受けており、「坂東本」を書写した非常に貴重な書です。「坂東本」は、親鸞聖人がお書きになってから長い年月がたっているため、欠損が生じたり、二、三行の文章がなくなっていたりする箇所が複数あります。顕著な箇所を言えば、「総序」と「教巻」の冒頭が大きく欠損しています。「総序」の最後を見ると、「真言、超世希有の正法」、「慶ばしいかな」しか残っていない状況ですが、そういった箇所を「専修寺本」や「西本願寺本」により補って見ていくことができるのです。

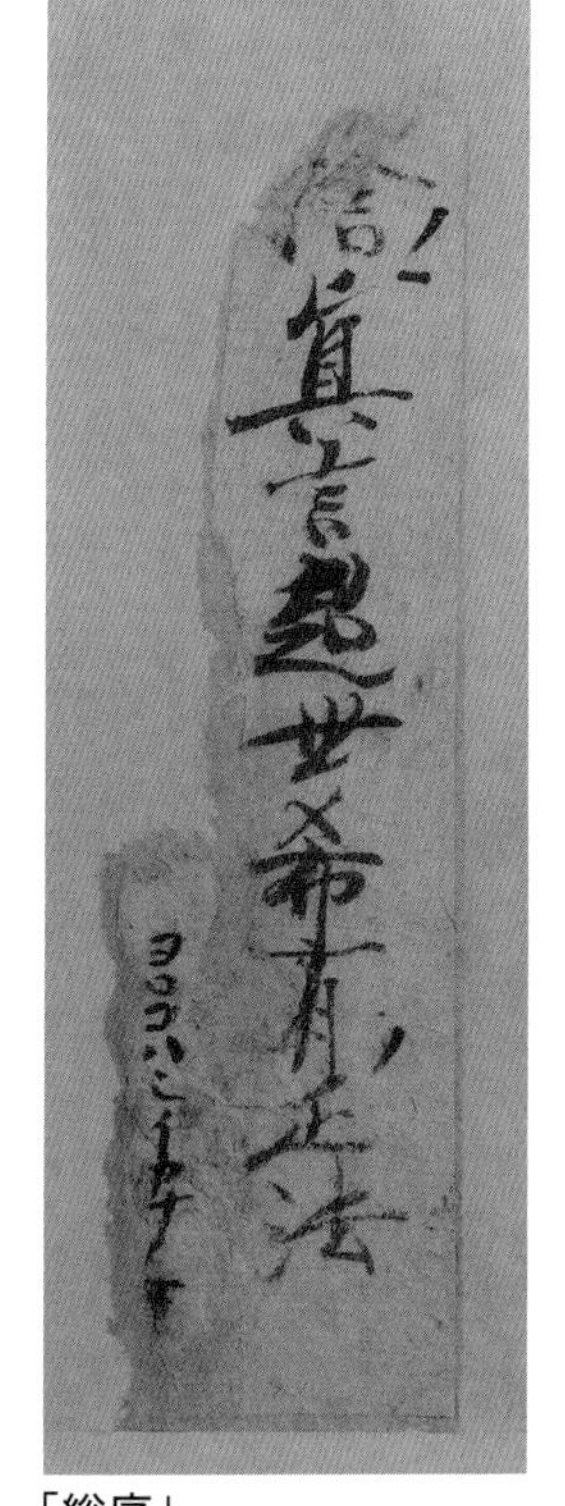

「総序」

また後に尋ねていきますが、「坂東本」は親鸞聖人が晩年にいたるまでさまざまなかたちで手を加え続けられていることから、下書きなのではないかという見方が根強くあります。ですから、かつては「草稿本」あるいは「下書き本」という呼び方もされてきました。

しかし、現在に至るまでの種々の研究から言えることは、「坂東本」は現存する唯一の親鸞聖人自筆の『教行信証』であり、それが「草稿本・下書き本」なのか「清書本」なのかというこちらの意識をもって向き合うべきものではないということです。あえて言えば、「坂東本」は、清書された上で、さらに聖人が手を加え、部分部分に清書を重ねていかれた書なのです。

「坂東本」「総序」冒頭

「西本願寺本」「総序」冒頭

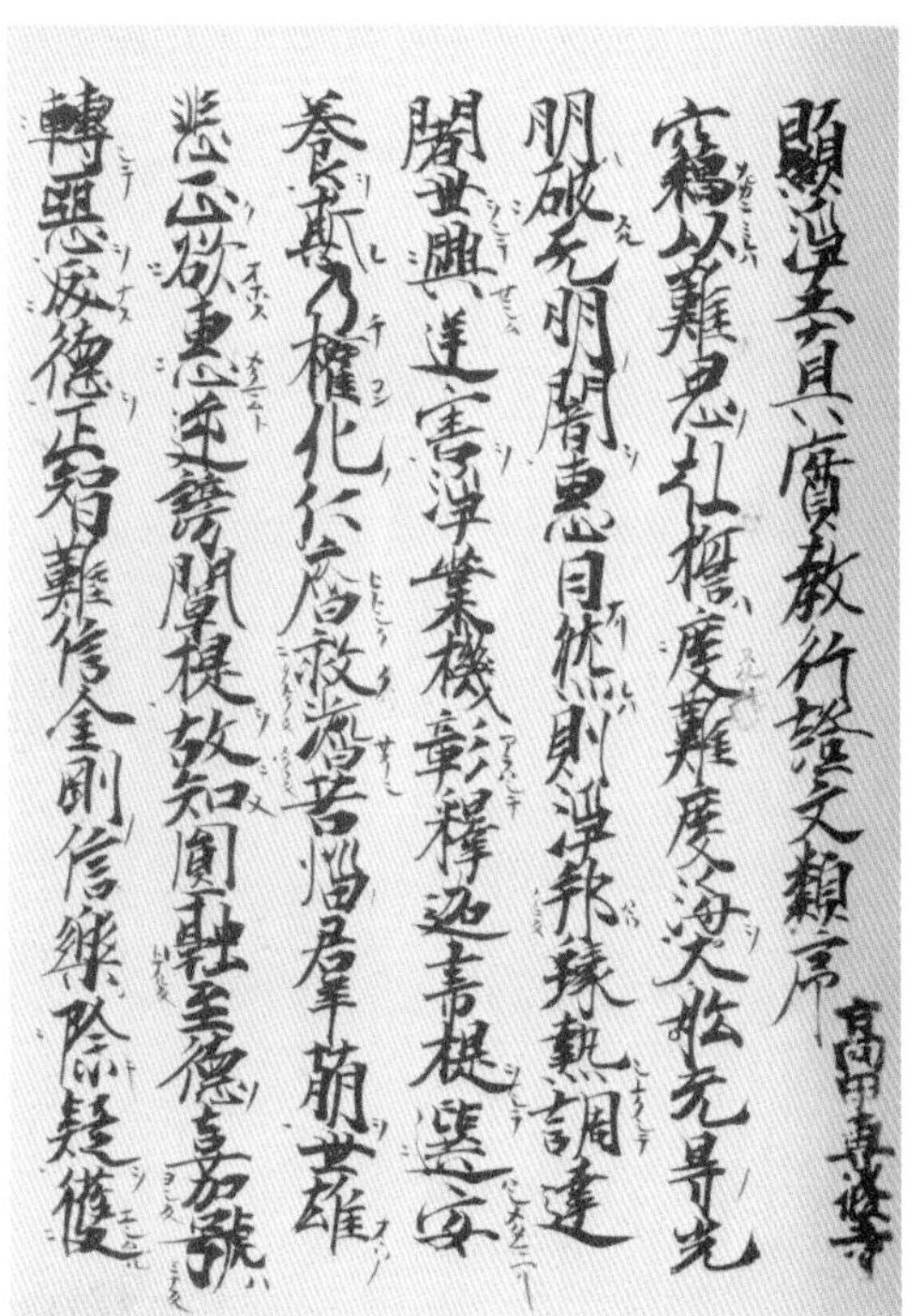

「専修寺本」「総序」冒頭

思索の跡—三本の『教行信証』をとおして—

「坂東本」に残されているさまざまな書き込みや書き改めは、単なる誤りの訂正ではなく、親鸞聖人の思索の跡を示すものと考えられています。中には、なぜそう変えたのか、そのことでどのように意味が変わるのかということを読み取るのが難しい箇所もありますが、聖人が存命中に書写された「専修寺本」、そして聖人滅後に書写された「西本願寺本」と比較することで、推測できる箇所もあります。

下の写真は、「行巻」の主題を表す「標挙（ひょうこ）」と言われる箇所です。右側が親鸞聖人八十三歳の時の状況を伝える「専修寺本」の『教行信証』です。そして中央が「坂東本」、左側が「西本願寺本」です。

「諸仏称名之願（しょぶつしょうみょうのがん）」とは本願の第十七願を指しますが、聖人八十三歳時の書写（専修寺本）では「真実之行（しんじつのぎょう）」とのみ書かれているため、「坂東本」も当時はおそらくこ

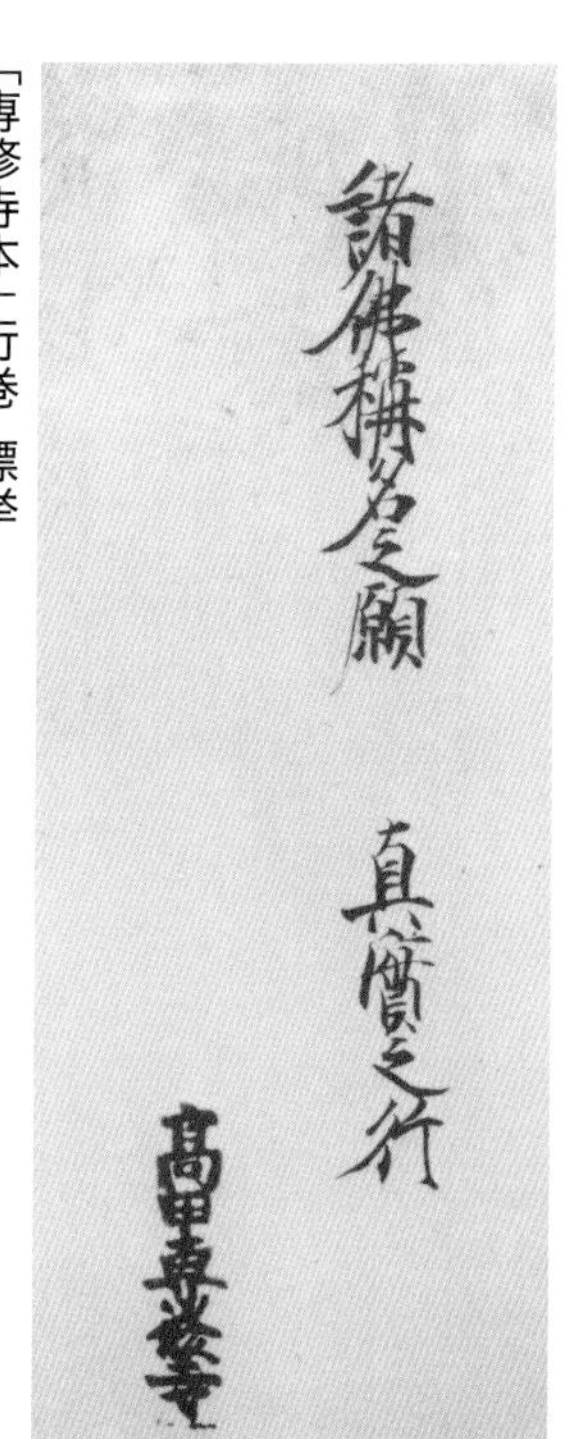

「専修寺本」行巻　標挙

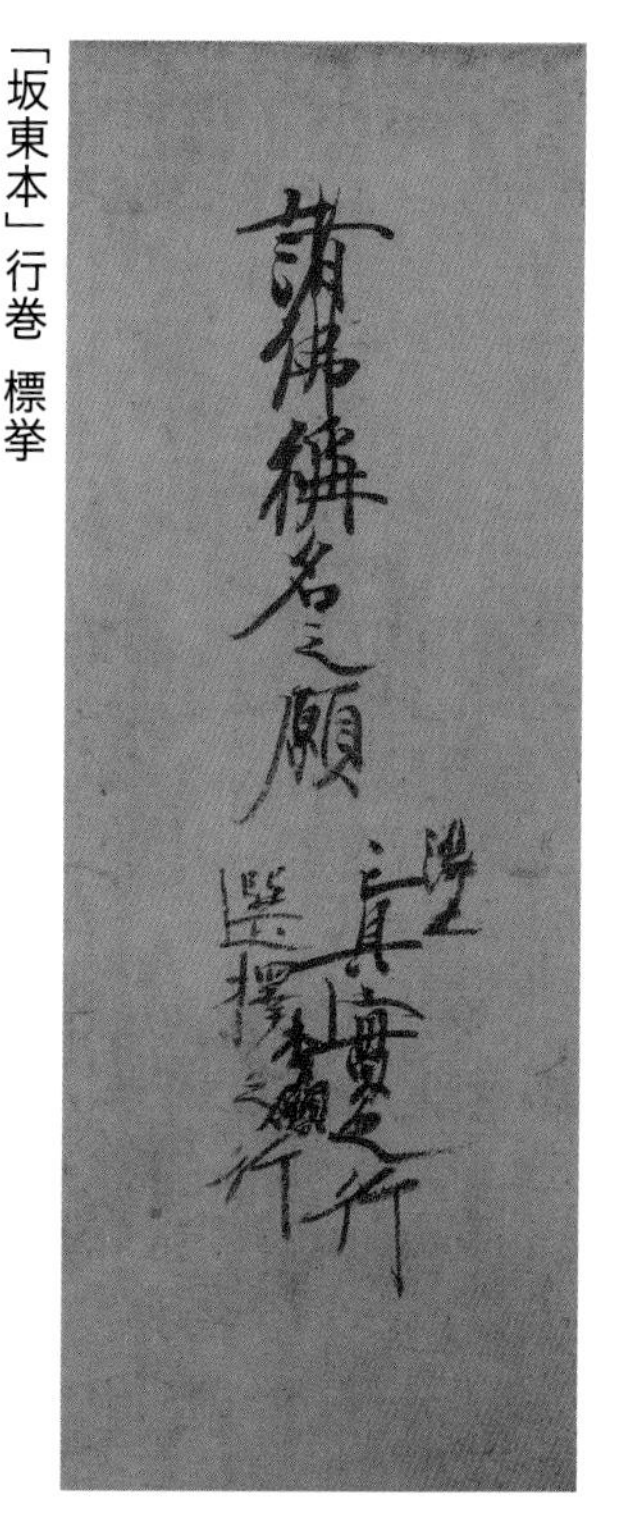

「坂東本」行巻　標挙

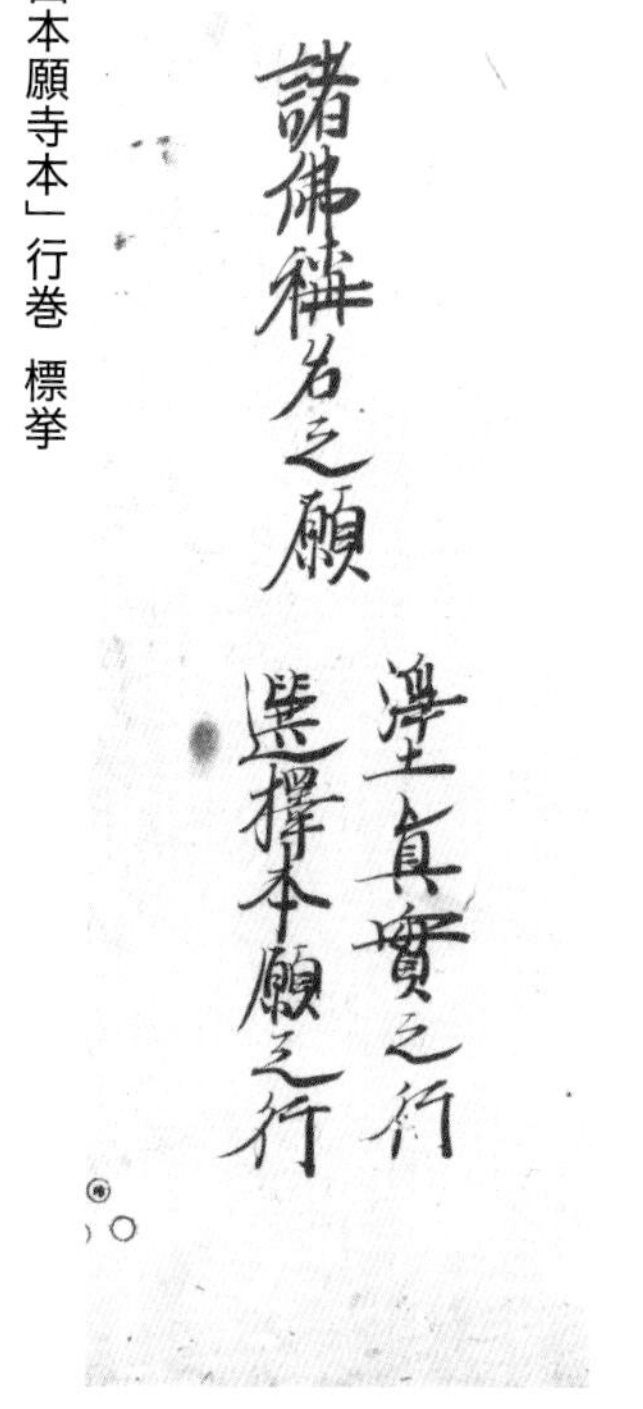

「西本願寺本」行巻　標挙

の状態であったと考えられます。

そして、中央の「坂東本」では、「真実之行」の横に「選択之行」と記されています。加えて「浄土」と書いて「真実」の上に印が打ってあります。これは「浄土」という言葉を「真実」の上に付け加え「浄土真実」と読むという指示です。

また「選択」の横に「本願」と書いてある部分も、「選択本願」と読むということです。こういう状況が「坂東本」にはあるわけですが、聖人滅後に書写された「西本願寺本」では、これらを整えて書かれていることがわかります。

つまり「坂東本」は、八十三歳の段階では「真実之行」と書かれており①、その後に「選択之行」が書き加えられ②、そして、おそらく同時に、「浄土」と「本願」が付け加えられた③。少なくともこの三つの段階があったということを示しています。

親鸞聖人からすると、一度はこの部分を「真実之行」として『教行信証』を著したものの、後から、それだけではまだ何か誤解を生ずる可能性があると考えられたのかもしれません。例えば、〝念仏は私自身が真実であると考え選び取った行、私にとっての真実の行である〟と読者が受け止めることもあり得ます。しかし、親鸞聖人が顕そうとする念仏は、迷いの世界にいる私が真実だと考える行ではなく、仏の世界である浄土の真実の行であるということです。「選択」についても、〝私の決断でこの道を選んだ〟と受け止めることがあり得るわけですが、私の選びに先だって、如来が名号（南無阿弥陀仏）を選択して、私たちに施してくださった、ということをこの書き込みによって示そうとしていると推察されます。つまり、あくまでも名号とは「浄土

【「坂東本」行巻 標挙 執筆順】

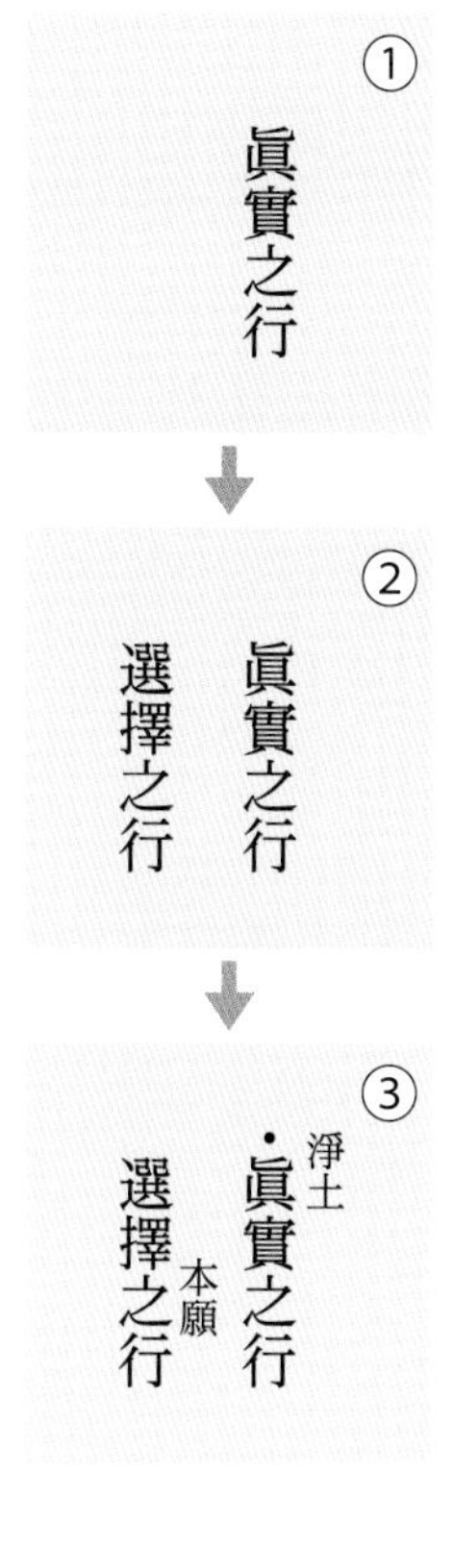

真実之行」であって、選択本願における如来の行である。このことを明確にするために、親鸞聖人が加筆されたと考えられるわけです。

　親鸞聖人がこのような配慮を要するに至ったその背景は推測するほかありませんが、聖人の八十三歳以降には、子息である善鸞という方が関東の地で念仏の教えを誤って伝え、大きな混乱を招いたため、親子の関わりを絶つ（義絶）という大変な出来事がありました。その中で、念仏するとは一体どういうことなのかということが、おそらく関東の同朋たちにおいても重大な問題になっていたでしょうし、またそれを親鸞聖人も知っていたわけです。このような背景が関係しているとも考えられます。

　いずれにしても、随所に見られるこのような書き込みや書き改めなどは、親鸞聖人がその言葉を前に立ち止まり、どうすれば教えが正確に伝わるのかを推敲された思索の跡として見ることができるのです。

三

「坂東本」の特徴

ここからは、「坂東本」の体裁や本文における細かな特徴を見ていき、そこから親鸞聖人の思索の跡を尋ねます。

「坂東本」の構成と体裁

まず「坂東本」の構成について見ていきます。「坂東本」は全六冊から成る書物です。そして『教行信証』は六つの主題（教巻・行巻・信巻・証巻・真仏土巻・化身土巻）で構成されています。しかし、これがそのまま六冊にはなっていません。では、どのような構成かと言うと、次のとおりです。

第一冊 顕浄土真実教行証文類序（総序）
顕浄土真実教文類一（教巻）
顕浄土真実行文類二（行巻）

第二冊 顕浄土真実信文類序（別序）
顕浄土真実信文類三（信巻）

第三冊 顕浄土真実証文類四（証巻）

第四冊 顕浄土真仏土文類五（真仏土巻）

第五冊 顕浄土方便化身土文類六本（化身土巻）

第六冊 顕浄土方便化身土文類六末（化身土巻）

おそらく親鸞聖人は、一冊一冊があまり厚くなりすぎないように配慮されたのでしょう。そのため、各冊はおおよそ同じ厚さで整えられ、文章量が多い「化身土巻」は、本と末の二分冊にされています。

次に体裁ですが、各冊とも縦二九・七センチ、横二六センチという大きさです。また、使用されている紙は、楮紙（こうぞし）、宿紙（しゅくし）、そして雁皮紙（がんぴし）と呼ばれる三種類が主に使われています。楮紙というのは、古くは公文書や経典などの用紙として使用された和紙です。宿紙とは、いったん書いた紙をほぐして、もう一度漉（す）き直した和紙、いわゆるリサイクルペーパーのようなものです。雁皮紙も和紙ですが、やや光沢があり、滑らかな紙質で当時は貴重な書に用いられたものです。「坂東本」でのおおよその割合は、楮紙八五％、宿紙一四％、雁皮紙一％になります。そして宿紙が使用されるのが「信巻」、雁皮紙が使用されるのが「行巻」に限られています。

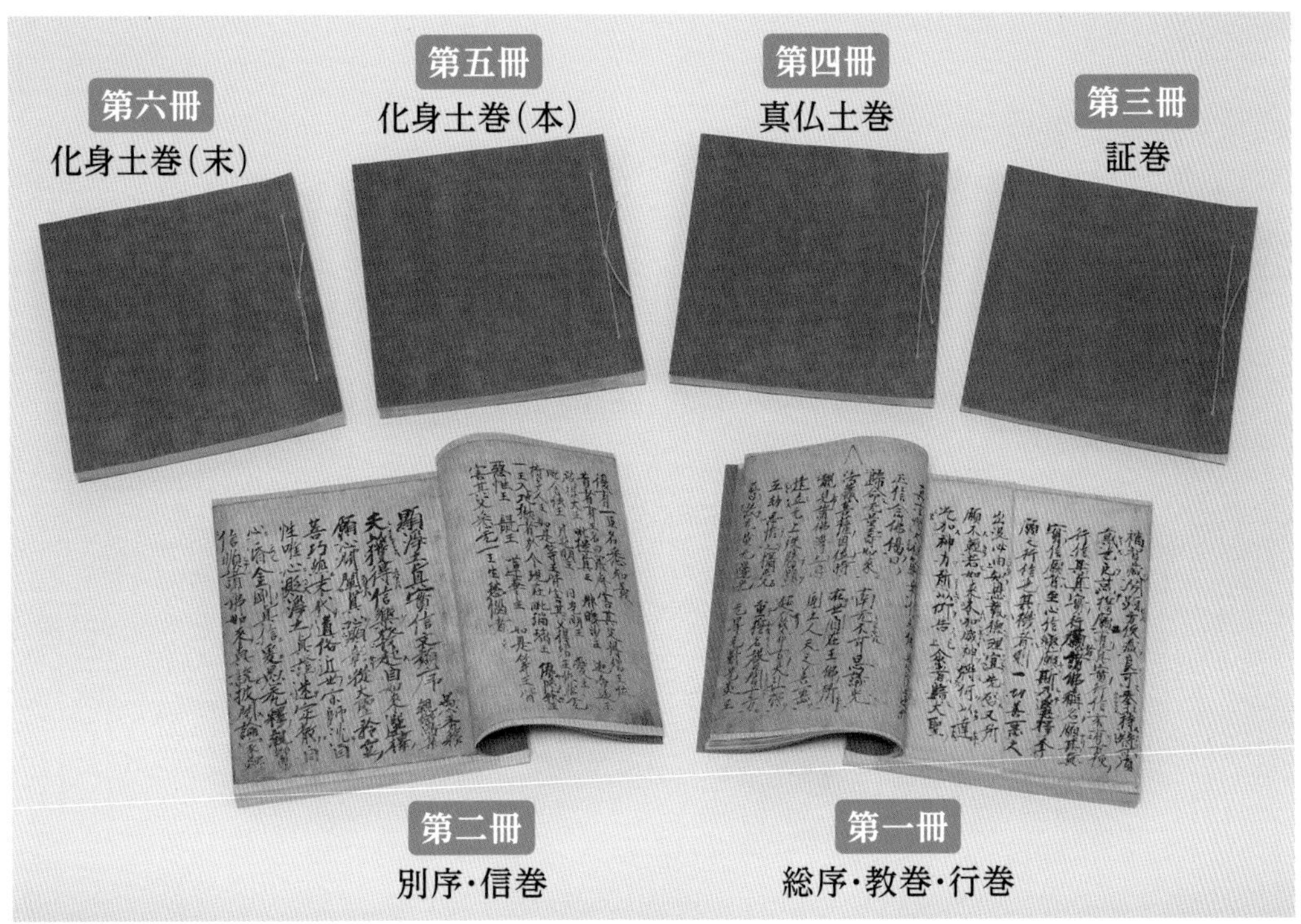

「坂東本」全6冊

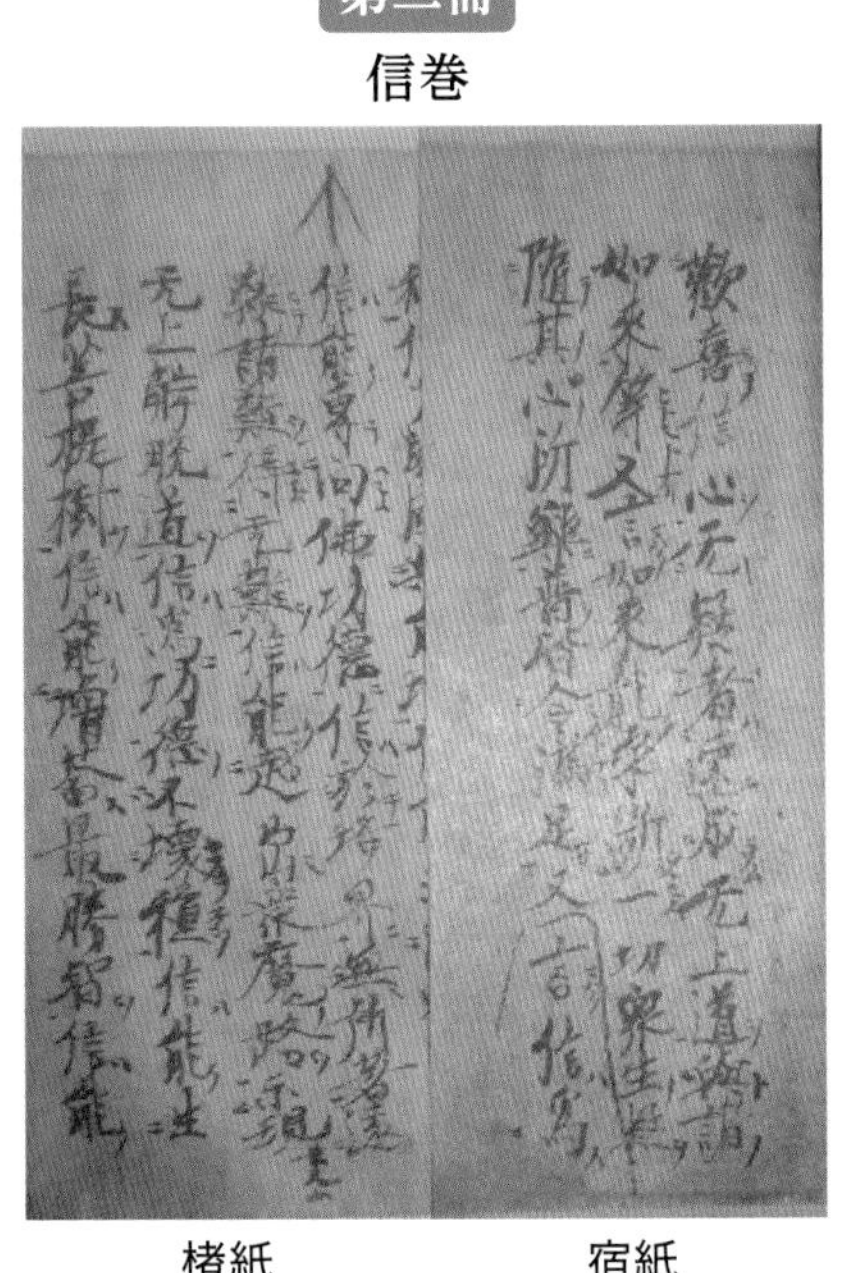

楮紙　宿紙

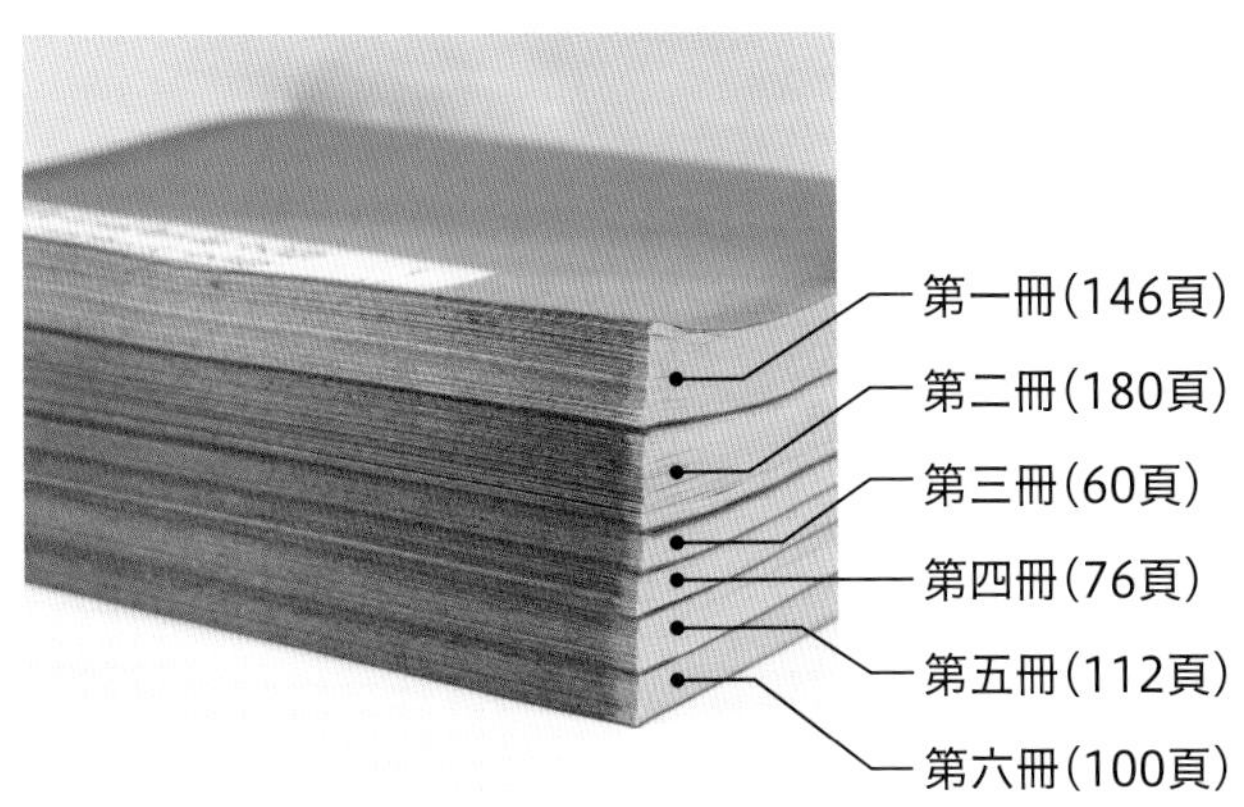

「坂東本」(影印本) 側面の様子

写真は影印本だが「坂東本」に近い紙が使われており、色の違いから複数の用紙が用いられていることが確認できる。

そしてこれらの紙の綴じ方についても特徴があります。全体はおおむね紙の端と端を綴じる袋綴じ①ですが、一枚の切紙を綴じている箇所②、折り目綴じ③や巻子綴じ④などの特異な状況のものまであります。特に折り目綴じは、一枚の紙で表裏四頁分に文字を記すことができます。この綴じ方は「信巻」に集中していますが、「信巻」は文章量が多いため、冊子があまり厚くならないようにということが念頭にあったと考えられます。

また「坂東本」本文の行数について、基本的には一頁あたり八行で記されていますが、そうでない箇所もあります。次頁の写真は、どちらも「行巻」の一頁ですが、右は一頁あたり八行で書かれているのに対し左は七行で書かれています。状況によって違うところもありますが、おおよその目安として、一頁あたり八行のところは、筆致からして六十歳ごろに書かれた箇所です。そして七行で書かれている箇所は、このほかにも、例えば「総序」「教巻」「信巻」が該当しますが、八十四

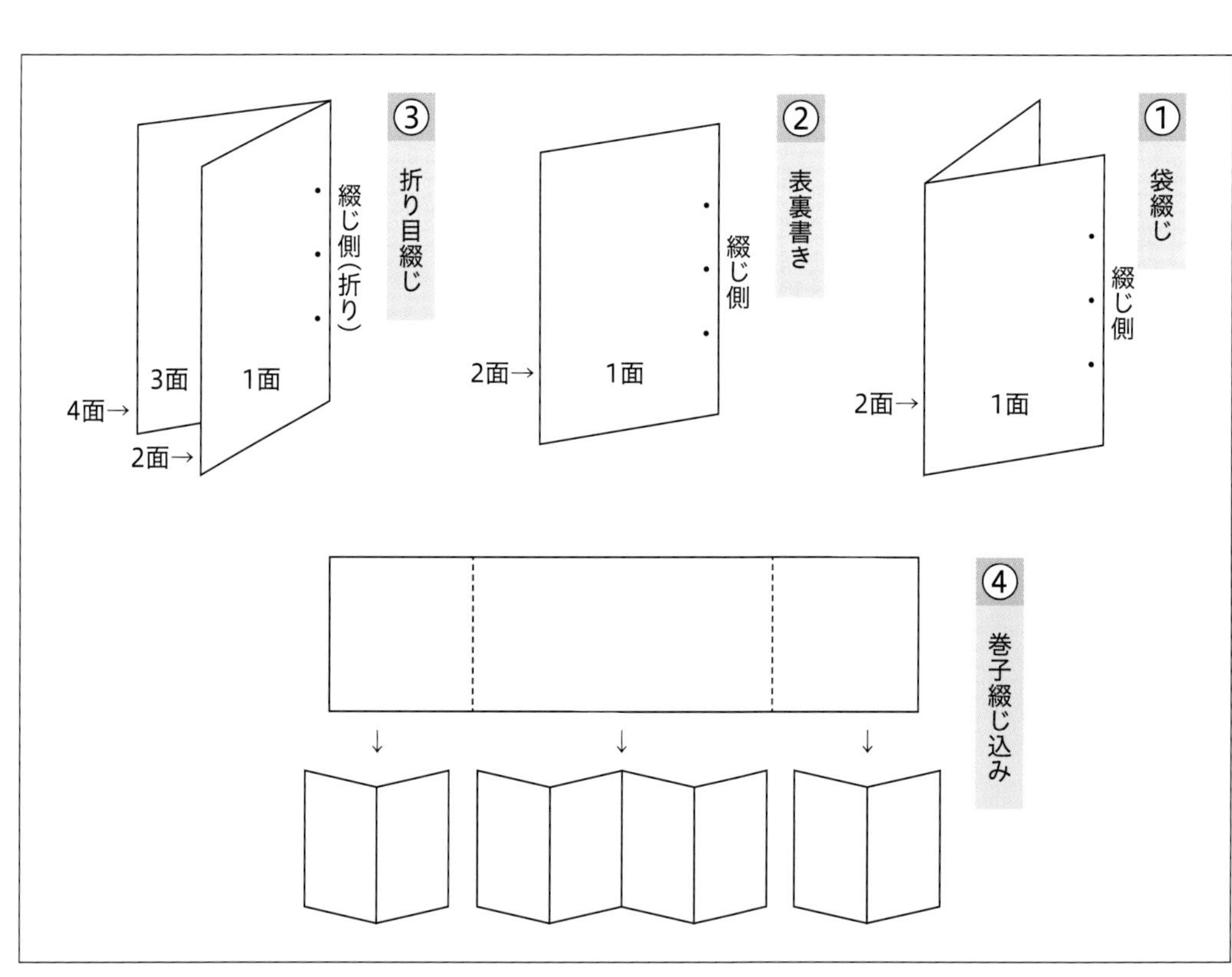

【1頁あたり7行の箇所】

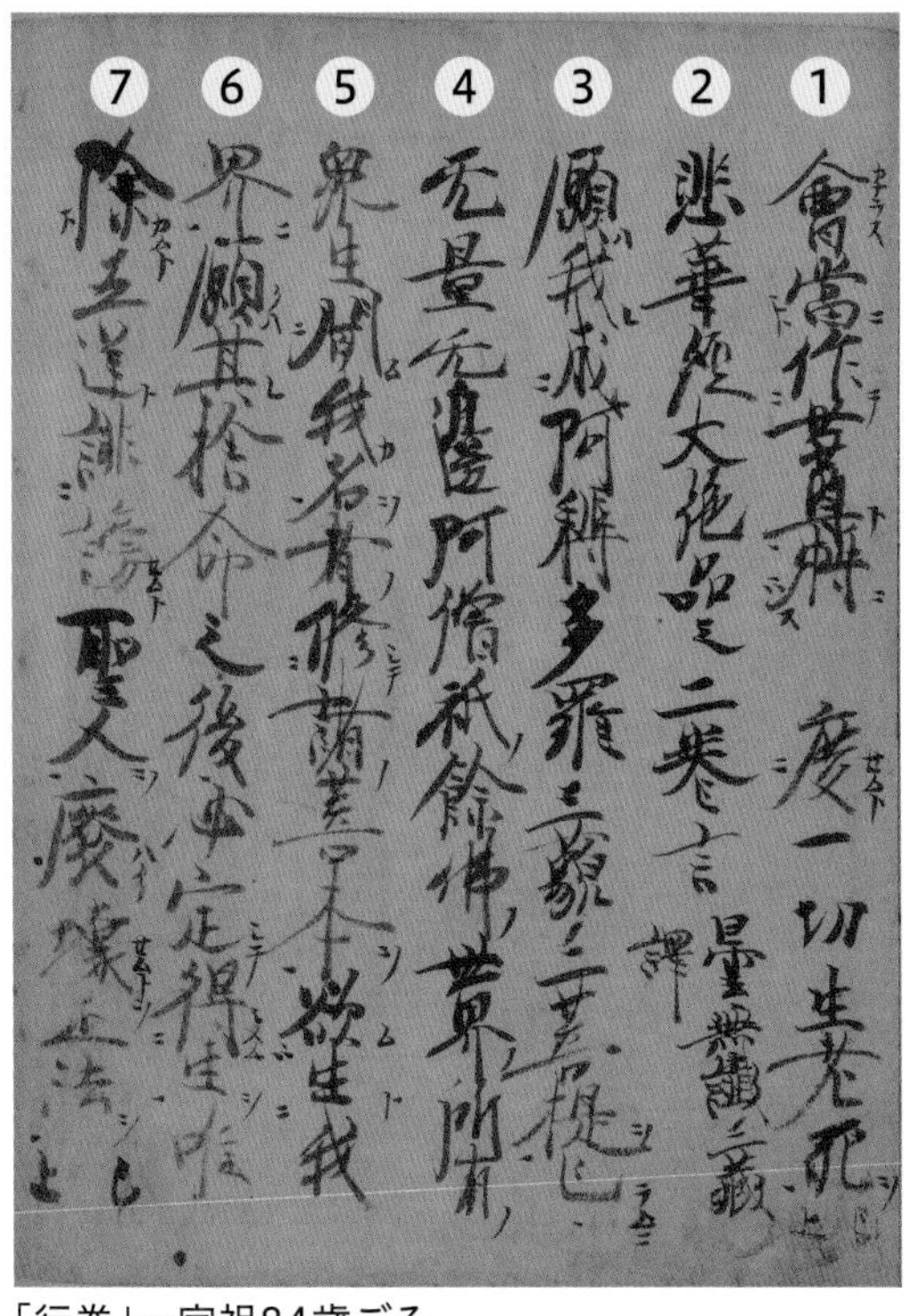

「行巻」…宗祖84歳ごろ

【1頁あたり8行の箇所】

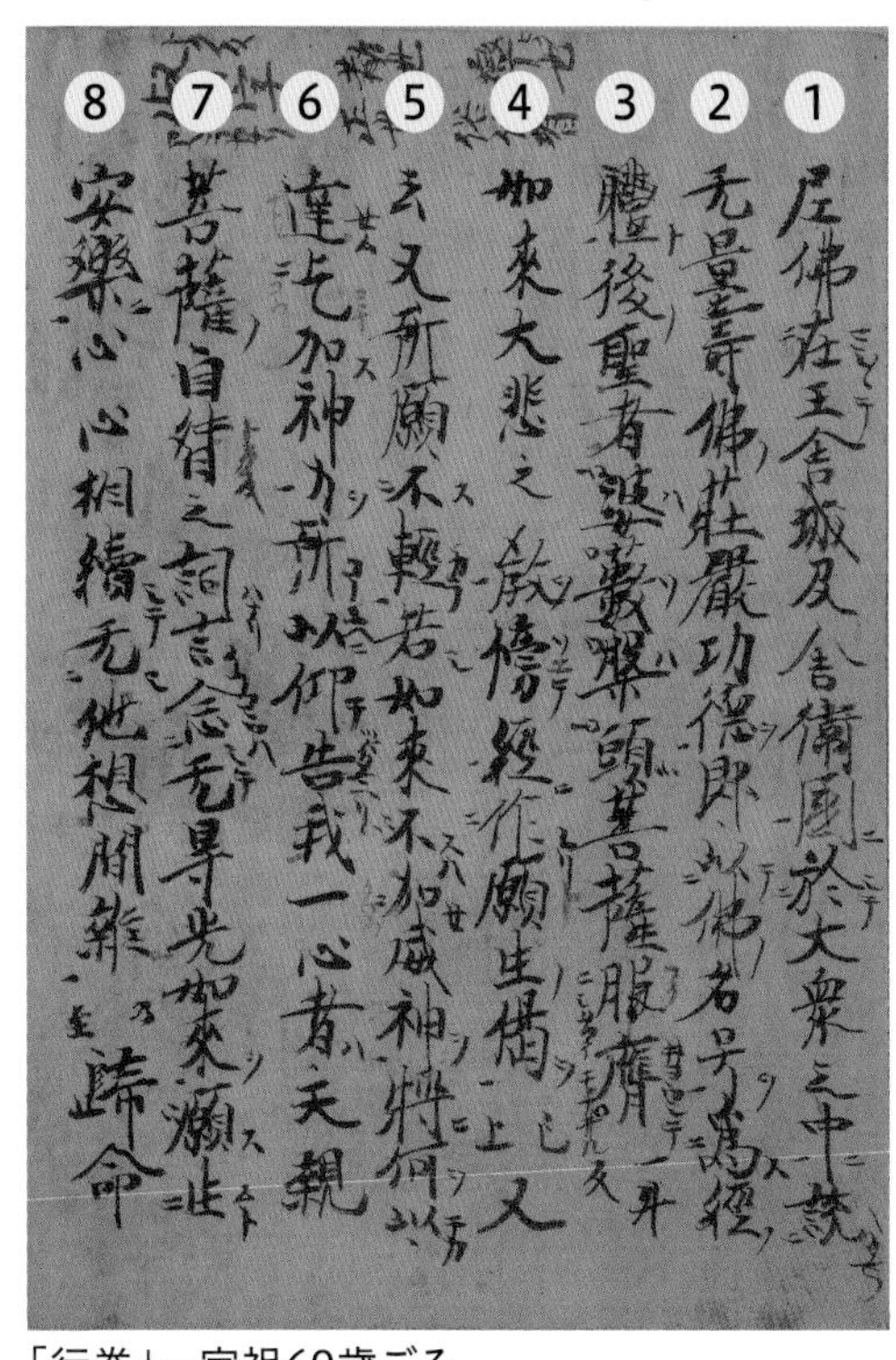

「行巻」…宗祖60歳ごろ

歳以降の筆であろうと考えられています。この左の文章も八十四歳ごろと考えられます。

つまり、六十代の頃には八行でお書きになり、晩年になると七行でお書きになっているということがこのような箇所から窺い知れます。実際に見比べてみると、八行で書かれている文字よりも七行で書かれている文字は少し大きくなっていることがわかります。こういったところから、視力が衰え、細かい文字を書くことが困難になった晩年に至ってなお、「坂東本」に手を入れ続けておられた聖人のご苦労が偲ばれます。

文章の追加・削除

「坂東本」にはさまざまな特徴がありますが、文章を追加・削除する場合の方法もその一つと言えます。消しゴムも修正ペンもない時代、一度書かれた文章に対してどのように手を入れていかれたのか、その特徴的な箇所を見ていきましょう。

まずは文章を追加した箇所です。左の写真は「真仏土巻」の一部分ですが、紙が浮いているのがわかります。ここは二行分の文章を後から貼り付けているのです。

紙の貼り付けによる文章追加（「真仏土巻」）

またある程度の文章を削除する際には、下の写真のように紙を刃物で切るということをされています。さまざまなパターンがありますが、例えば袋綴じの状態の頁を切ると、紙が浮いてしまうため、折場所を変えて、浮いた場所を糊留（のりど）めしています。そういった箇所では、文章のつながりがわかるよう印をつけるという配慮もされています。

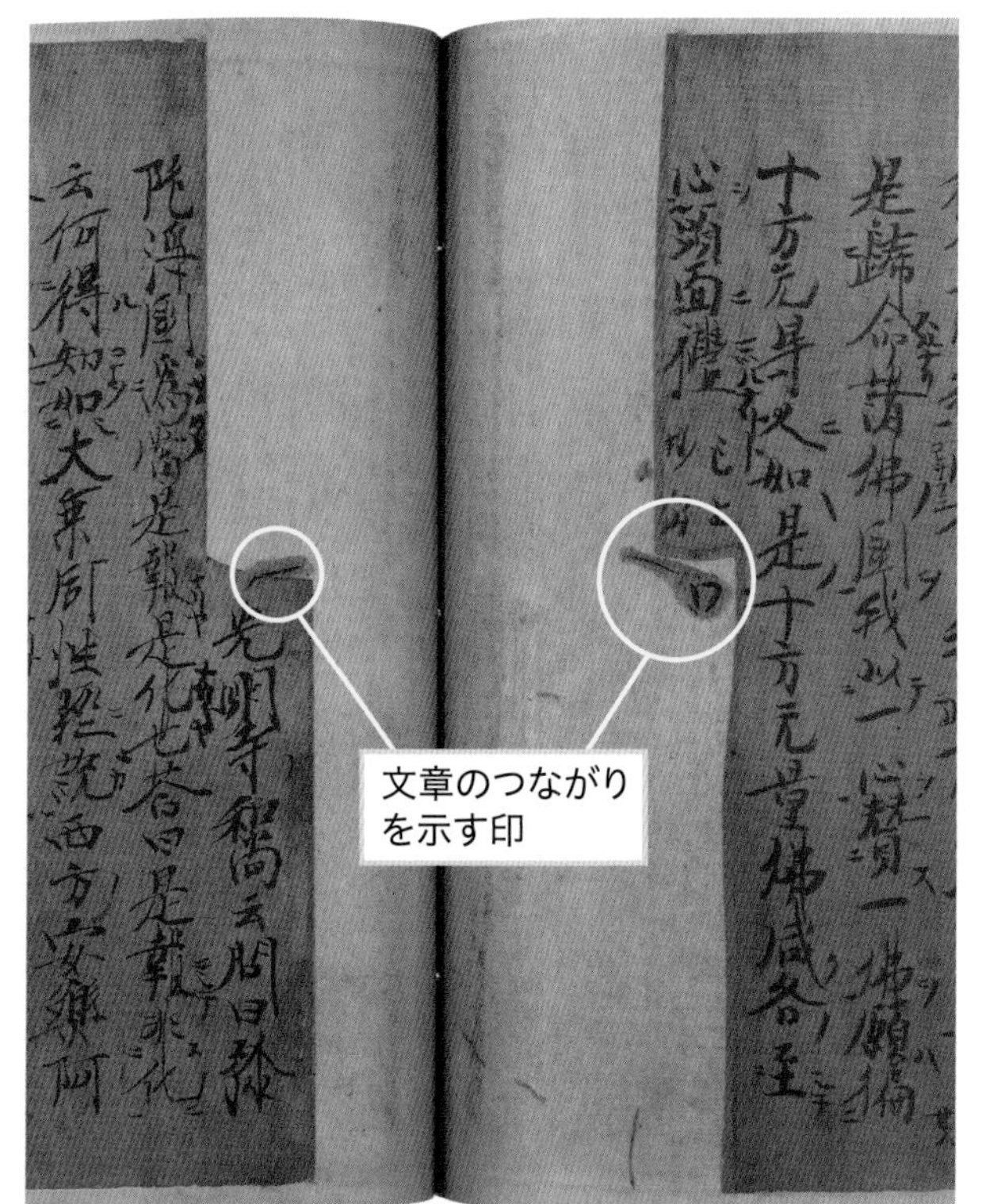

頁の切り取りによる文章削除（「真仏土巻」）

そのほかにも、切り取った部分に文章を付け加えられている箇所もあります。次頁の写真の点線部分には一行と五、六文字の本文があったわけですが、その箇所を切り取っているので、袋綴じの中面が出ています。

その中面に本文を付け加えるということをされています。このような箇所が「坂東本」では多く見られます。

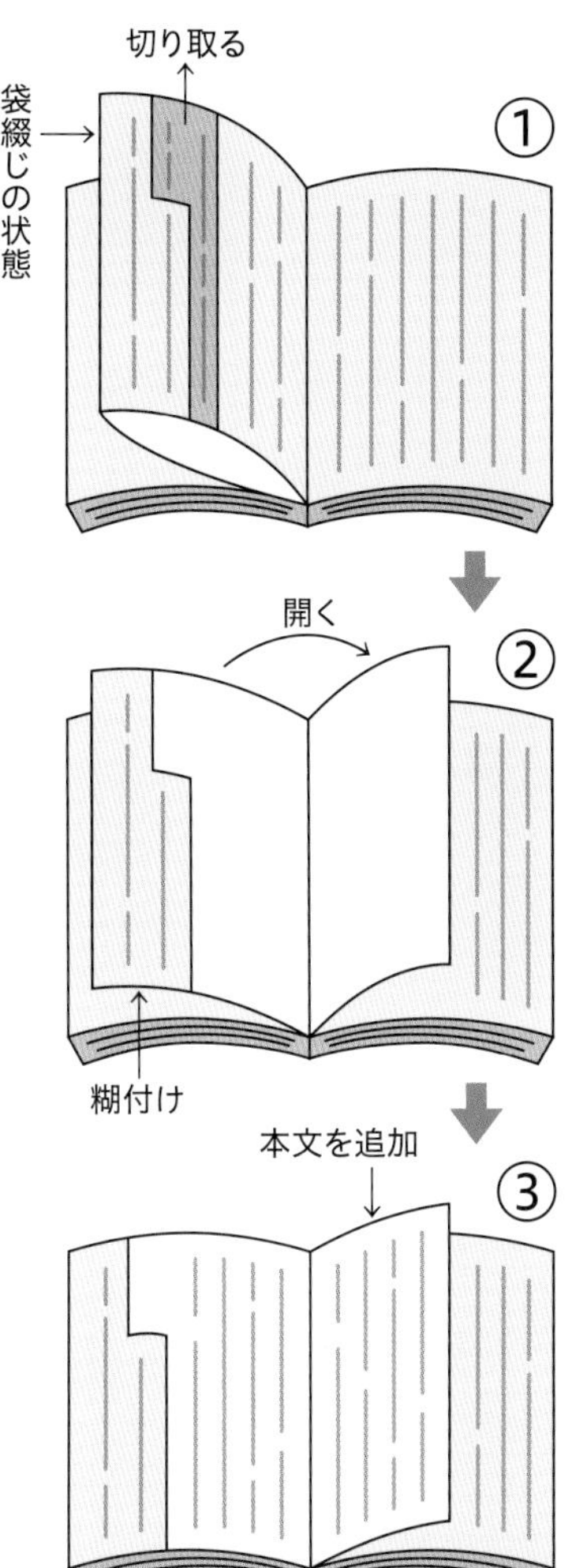

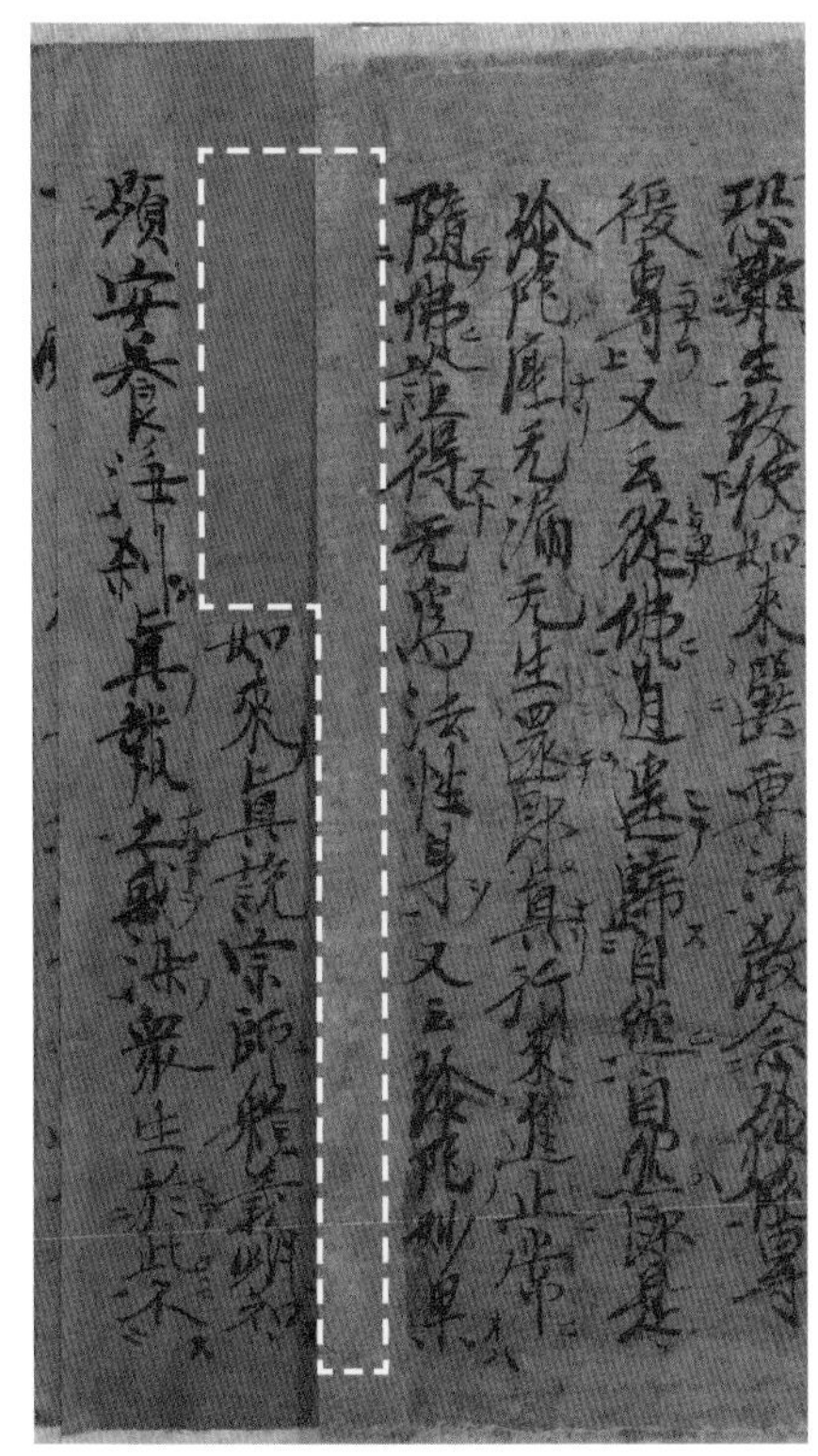
左図①の状態（「真仏土巻」）

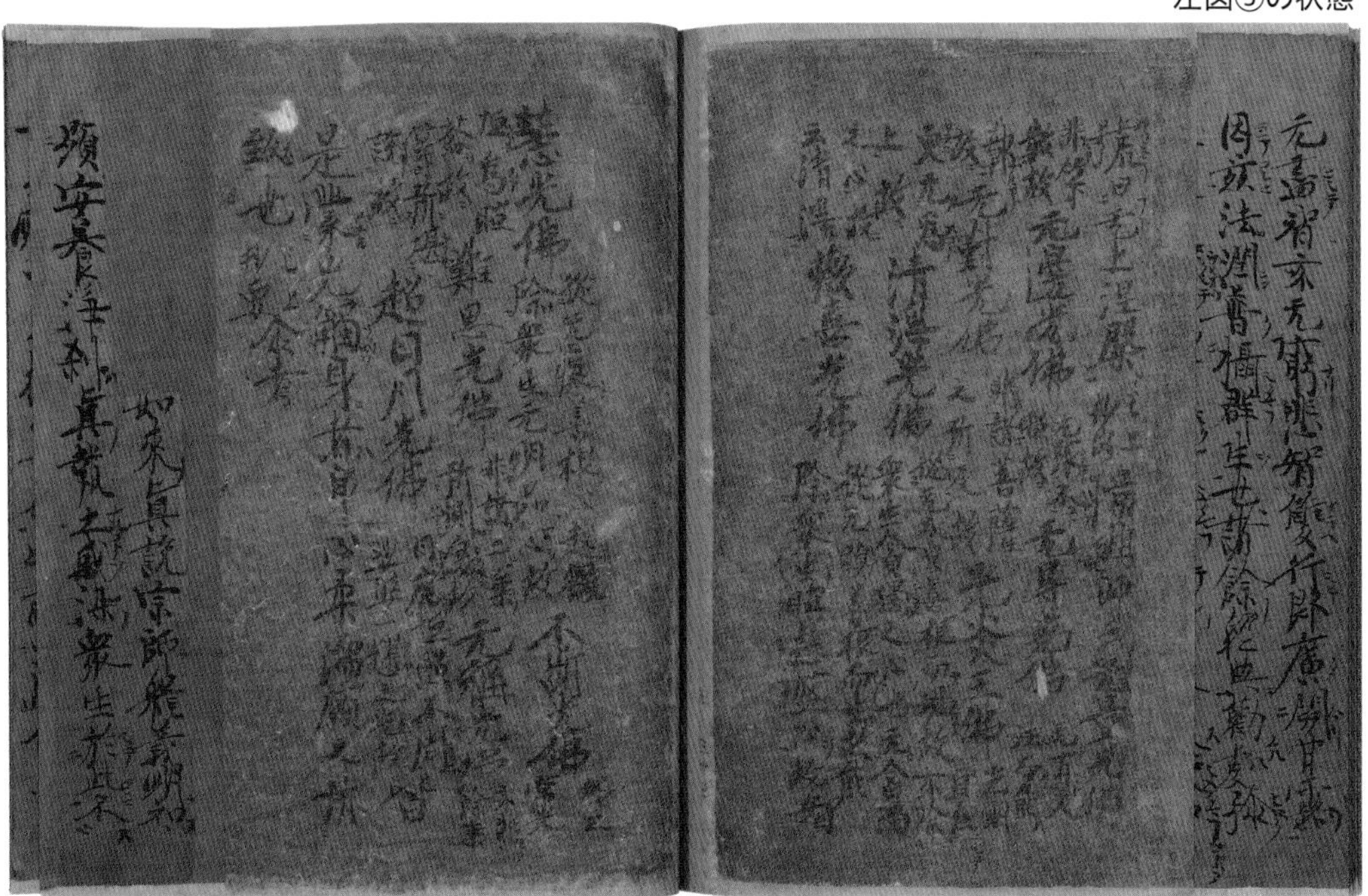
左図③の状態

「坂東本」執筆の過程

次に親鸞聖人がどのように「坂東本」の本文を書かれていったのかを見ていきましょう。

本文は漢文ですが、そこには「レ」や「一・二」「上・下」などの返り点が振られています。また、後にふれますが送り仮名や左訓（さくん）と言われる左仮名のほか、声点（しょうてん）と言われる発音やアクセントを示す印なども聖人は付しています。この返り点や訓などの付し方について、私たちは漢文を書く際に一緒に付していったのではないかと考えてしまいますが、親鸞聖人はまず漢文を白文で書き、その状態で綴じて冊子化しています。つまり冊子化した後で、返り点や訓を付していかれたということです。

そのようなことがわかるのが下の画像です。

黄の丸で囲った箇所には、返り点である「中点」と「上点」が書かれています。これらの返り点は、それぞれ前の頁の「廃壊正法（はいえしょうぼう）（正法を廃壊せんとを）」の「正法」、「廃壊」に対して振られたものです。しかし、なぜか次の頁に返り点が記されているわけです。その理由を窺ってみましょう。

「行巻」

「坂東本」は、これまで二度の修復が行われていますが、一九五四年から行われた一度目の修復の際には、紙を補強する処置が施されました。その際、本来の綴じ穴より広い位置に新たな綴じ穴が設けられ、冊子化されています。そのため、現状は開きやすい状態になっていますが、本来の綴じ穴は、次頁写真の**白の丸**で囲った箇所です。頁と頁の間が狭く、現状ほど余白がなかっ

たため、次の頁に返り点を記しているのです。**赤の丸**で囲った箇所には、返り点を書く際に筆が紙に触れた跡が見られます。

　このような箇所から、基本的には冊子に仕立てた状態で返り点や送り仮名、本文の追加や削除が行われたことを窺い知ることができます＊。

＊「化身土巻」はもともと一冊だったものが、二冊に分冊されたこともあり、綴じを開き書き改められている。また、「総序」「教巻」「行巻」が収録されている第一冊、「信巻」が収録されている第二冊は後に綴じを開き八行書から七行書に書き改められている箇所がある。

特徴① 朱筆（しゅひつ）

「坂東本」は墨で本文が書かれていますが、主に返り点や送り仮名などについて、墨筆に加え、朱による筆の跡が見られます。一旦墨筆で記された語句が朱筆で書き改められた箇所や、新たに朱筆で書き加えられた箇所など多くを確認することができ、「坂東本」の一つの特徴と言えます。また「坂東本」における朱筆の使用箇所は、全体をとおして均一でなく一定の箇所に集中しており、どのような場合に朱筆が使用されたのか、墨筆との使い分けはどうであるのかなど、さまざまな課題があります。しかし、朱筆の多くは、墨筆で記された後に記されていることから、聖人が『教行信証』の本文を決定していく過程を明らかにするものだと言えます。次に紹介する特徴（送り仮名）とも関係してきますが、「正信偈」における朱筆の箇所を見ていきましょう。

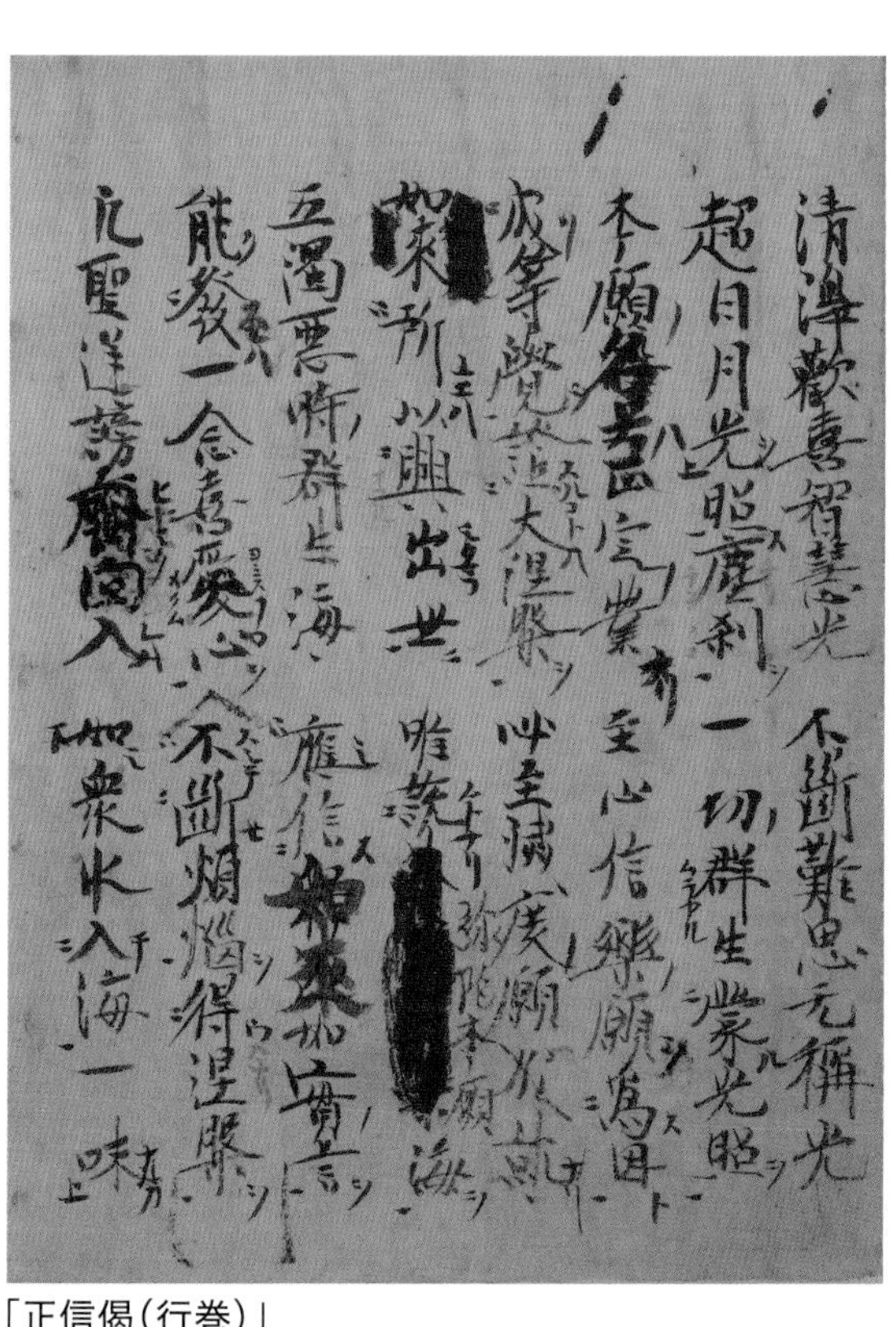

清浄歓喜智慧光　不断難思無称光
超日月光照塵刹　一切群生蒙光照
本願名号正定業　至心信楽願為因
成等覚証大涅槃　必至滅度願成就
如来所以興出世　唯説弥陀本願海
五濁悪時群生海　応信如来如実言
能発一念喜愛心　不断煩悩得涅槃
凡聖逆謗斉回入　如衆水入海一味

「正信偈（行巻）」

「正信偈」の「不断煩悩得涅槃」という箇所の「得」に「ウ」と振り仮名が墨筆されています。

その後に、朱筆で「ルナリ」と追記されています。つまり当初は「涅槃を得」としていたところを、後に「涅槃を得るなり」と読むのだと判断されたのです。

また、本文そのものの上にも朱筆を見ることができます。例えば『真宗大谷派勤行集』（赤本）などで「応信如来如実言」と表記される箇所ですが、この句は当初「応信釈迦如実言」と記されています。

それが後に、「釈迦」という文字の上から墨筆で「如来」と書き改められ、さらにその墨筆の上から朱筆でなぞられています。

このような送り仮名や本文に見られる朱筆は、親鸞聖人がどのように本文を推敲し、それを通してどのような内容を表現していこうとされたのか、その思索の過程と帰結点とを如実に物語るものであると言えます。

特徴② 送り仮名

先に少しふれたように、「坂東本」は親鸞聖人が漢文を白文で書かれた後に、返り点や送り仮名が付されていますが、漢文は送り仮名の付け方によって、意味内容が大きく左右されます。例えば「私」という言葉でも、「私が」なのか、「私に」なのかで文章の主語が変わってきます。また「出」という言葉では、「出づ」とすれば、ある場所から外に出たということですが、出た後の状態は不明で、もとの場所に戻っている可能性もあります。それを「出でたり」とすれば、ある場所から出て、今も出た状態であることを指します。このように送り仮名によって、示したい文脈がまったく変わるため、親鸞聖人は何度も推敲を重ね、それらの作業を一つ一つの文字にわたって行っているのです。

親鸞聖人の付す送り仮名によって、同じ漢文でも他の仏者と大きく異なる読み方がされているのも「坂東本」の大きな特徴であると言えます。その代表的な箇所の一つに、「信巻」に記される『仏説無量寿経』の「第十八願成就文」と呼ばれる文言があります。

諸有衆生　聞其名号　信心歓喜　乃至一念
至心回向　願生彼国　即得往生　住不退転

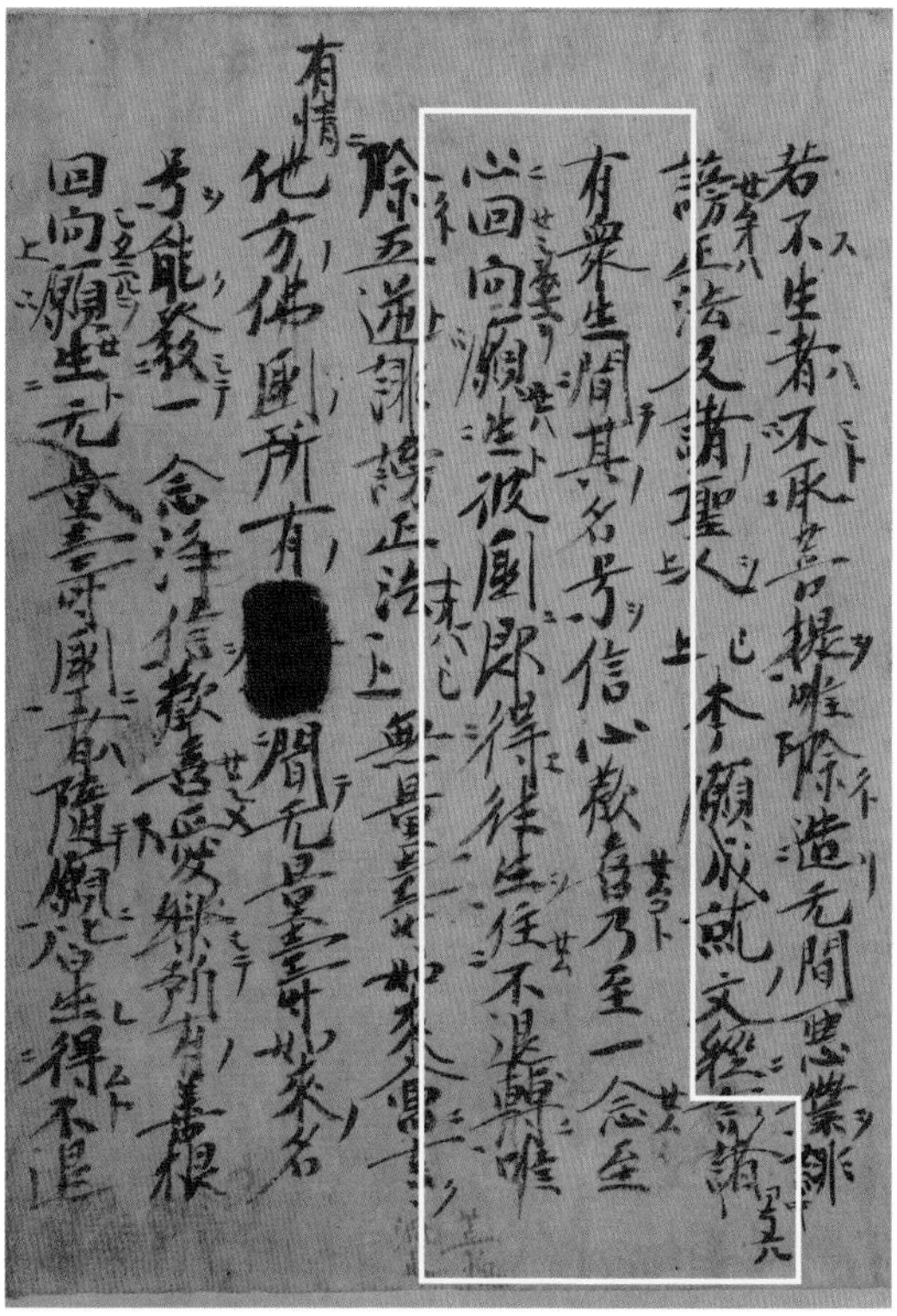

特に顕著なのは、「至心回向…」の部分です。

法然上人の教えの流れを汲む立場の方々は、この箇所を次のように読みます。

「信巻」

諸有衆生聞其名号信心歓喜乃至一念至心回向願生彼国即得往生住不退転

（諸有衆生、其の名号を聞きて、信心歓喜して乃至一念、**至心に回向して**彼の国に生まれんと願ずれば、即ち往生を得て不退転に住す）

ここは、一般的な訓読に倣った場合もこのように読まれるところです。

この箇所を親鸞聖人は、

諸有衆生聞其名号信心歓喜　乃至一念
至心回向・**願生彼国即得往生**
住不退転

（諸有衆生、其の名号を聞きて信心歓喜せんこと乃至一念せん。**至心に回向せしめたまえり。**彼の国に生まれんと願ずれば、即ち往生を得、不退転に住せん）

このように、「回向」に「せしめたまえり」との送り仮名を付け、ここで文章を区切って読んでいます。

一般的な訓読による「至心に回向して」という読みでは、自らが行った功徳、善を心から回向していく、その主語は衆生（自分）になります。一方、「至心に回向せしめたまえり」とした場合、「せしめたまえり」は最上敬語と呼ばれるものです。では親鸞聖人が何に敬語を使っているのかというと、それは如来です。つまり、回向の主語は如来となり、如来が真実を私たちに回向してくださるということで、自分の行いではないという読み方をしています。「如来」という言葉を付け加えずに、送り仮名だけで親鸞聖人はこのようなことを表現されているのです。

特徴③　声点

「坂東本」の本文には、「。」「8」「二」「8」などの記号が文字の四隅、あるいは左右の中ほどに書き込まれている箇所があります。これを「声点」と呼びます。この記号によって、その漢字を濁って読むのか、澄んで読むのか、またアクセントなどの読み方を示しています。

声点

「総序」冒頭

例えば「総序」の**「難思の弘誓は難度海を度する大船」**の「大船」は、「だいせん」とは読まず「たいせん」と読みます。なぜそう読むかというと、「坂東本」ではかろうじてこの箇所が残っていますが、「大」の字の右上に「。」の印がついているからです。漢字の音は、漢音と呉音があります。「大」は呉音で読むと「だい」、漢音で読むと「たい」ですが、親鸞聖人は声点を付すことによって、漢音の「たい」で読むことを示されているのです。「坂東本」に記される漢字の字数はおよそ七万字ですが、その約一割にあたる七千字程度にこの声点が付けられており、声に出して読むということを意識されていたことが窺えます。

さらに、声点の付けられるその七千字程度のうち、約一割が「心」という字です。「こころ」と読まずに「しん」と読むようにと指示されています。これは単に漢字の音の読みだけではなく、「しん」と読み取らなければならないという、聖人の教えの言葉に対する受け取り方に関わるものがあることを示唆していると考えられます。

特徴④　右訓・左訓

右訓・左訓とは漢字の左右に記される訓で、基本的に右訓は漢字の読みを示し、左訓は意味を示していいます。「坂東本」ではすべてがその通りではありませんが、例えば「正信偈」では、「所以」の右に「ユエハ（ゆえは）」の読みを示す訓があり、「群生（ぐんじょう）」には「ムラカル（むらがる）」という意味を示す訓が左に記されています。

「正信偈（行巻）」

また声点とともに訓を付されている箇所もあります。例えば「行巻」の**「若箇道理是真宗（若し道理に箇らば、是れ真宗なり）」**の「真」の右上、「宗」左上に声点があります。これは「しんしゅう」と読むことを指示しています。そして「真」の右に「マコト（まこと）」、「宗」の左に「ムネ（むね）」と朱筆で訓を付しています。つまり「真宗」とは「しんしゅう」と読み、同時に「まことをむねとする」「まことのよりどころである」という意味があることを示しているわけです。

「行巻」

特徴⑤　上欄の註記

「坂東本」上欄の余白のいくつかの箇所には、文字の意味や音を確認した註記を見ることができます。それらは、縦に記されるものもあれば、右から左に、左から右に横書きに記されるもの、中には頁をまたぐものもあります。註記の文字に縦横さまざまな向きがあるのは、冊子状に綴じられた後で記されたからです。そして、この文字の意味や音の確認には、『広韻』という宋の時代の中国で成立した字書などが深く関わっていると指摘されています。字書を用いて教えの言葉に示

「称」の字　（聖典第二版183頁　※以下は「坂東本」次頁に記される）
処陵の反。軽重を知るなり。『説文』に曰わく、「銓なり。」是なり。等なり。俗は「秤」に作る。斤※両を正すを云うなり。昌孕の反。昌陵の反。

「行巻」

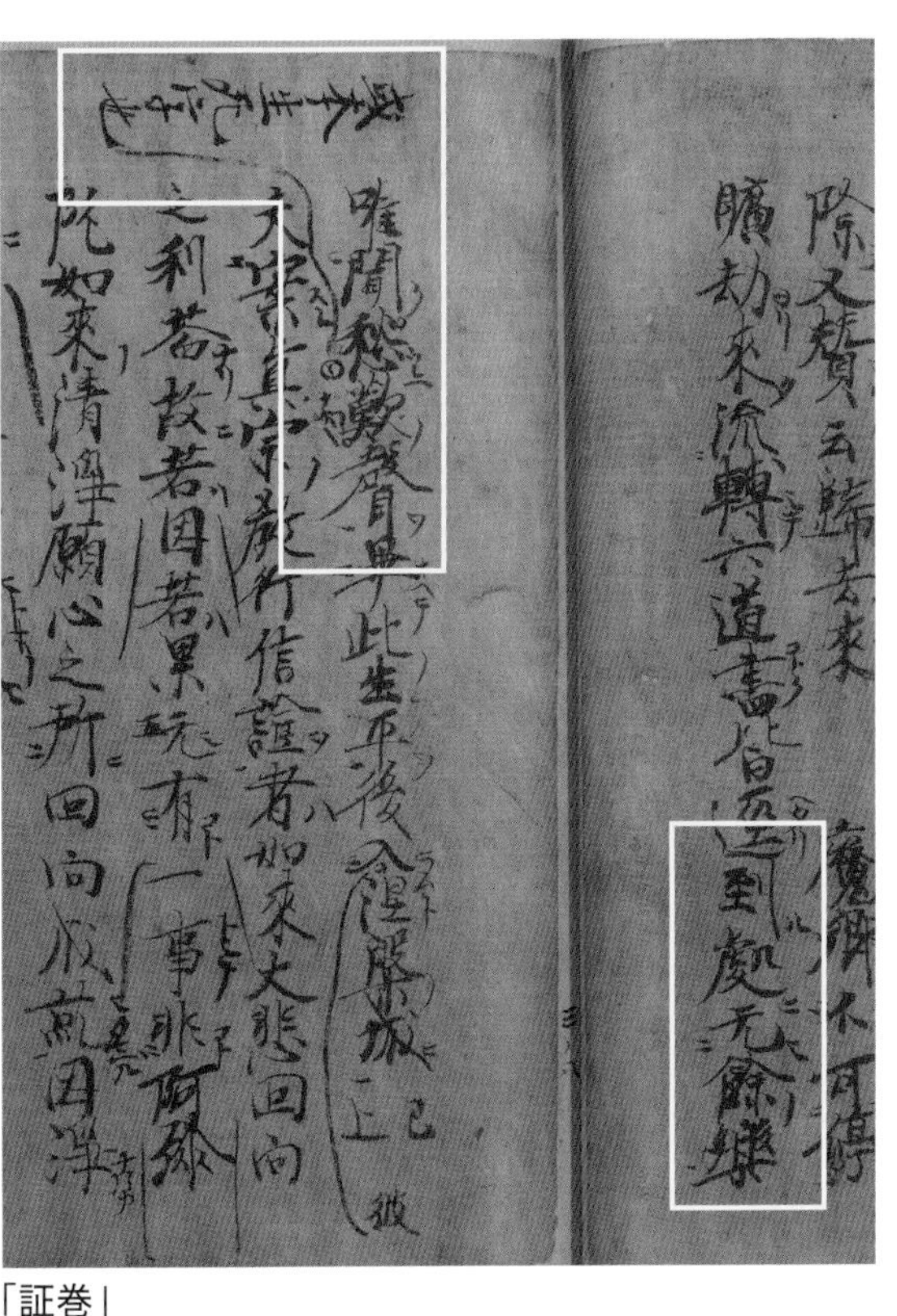
「証巻」

される漢字がどのような意味を持っているのかを確認されたのです。

また、上欄の註記からは、「坂東本」の本文をさまざまなテキストを比較しながら確認していることが窺われます。たとえば善導の「**到る処に余の楽無し。唯、愁歎の声を聞く**」（聖典第二版324頁）という文章については、「唯聞愁歎声」と記した後、「愁歎」の左に「○」を付して、上欄に「或本生死字也〔或る本、「生死」の字なり〕」と註記されています。つまり、「唯、生死の声を聞く」と記しているテキストが別にあったということです。

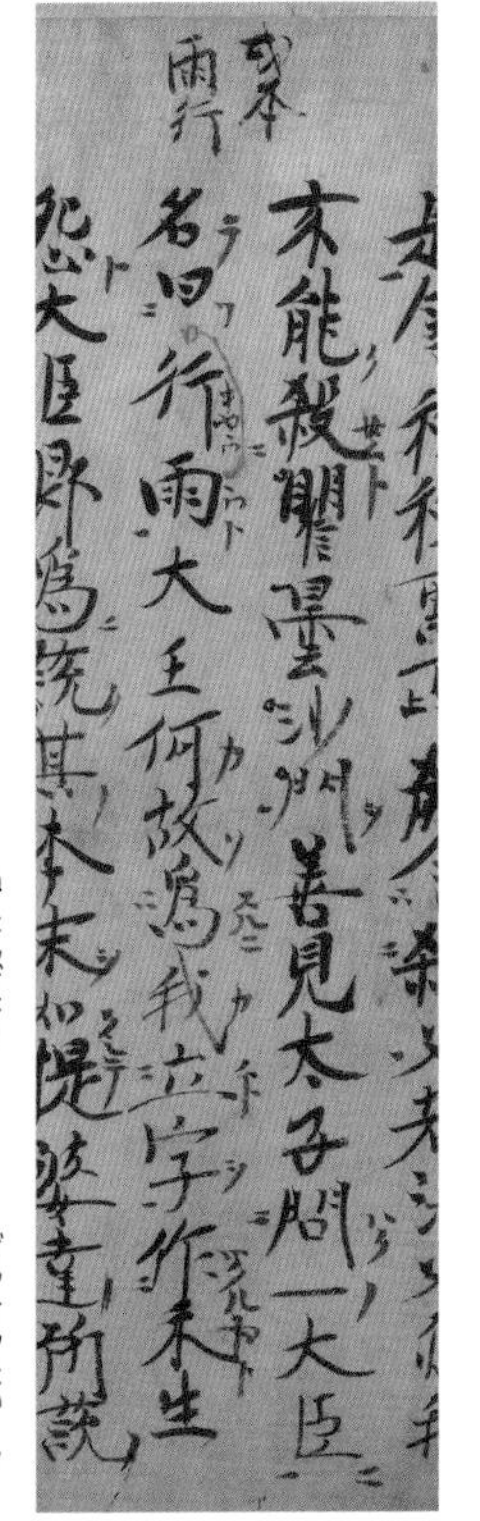
「信巻」

また、「信巻」に引かれる『涅槃経』の「**善見太子、一の大臣に問わく、名づけて「行雨」と曰う**」という文章の「行雨」について、「或本雨行〔或る本、「雨行」〕」と註記されています。また左の写真の箇所では、「或本行雨」と註記されています。つまり『涅槃経』のテキストにおいて、「雨行」と「行雨」の二通りの表記があることを確認しているのです。

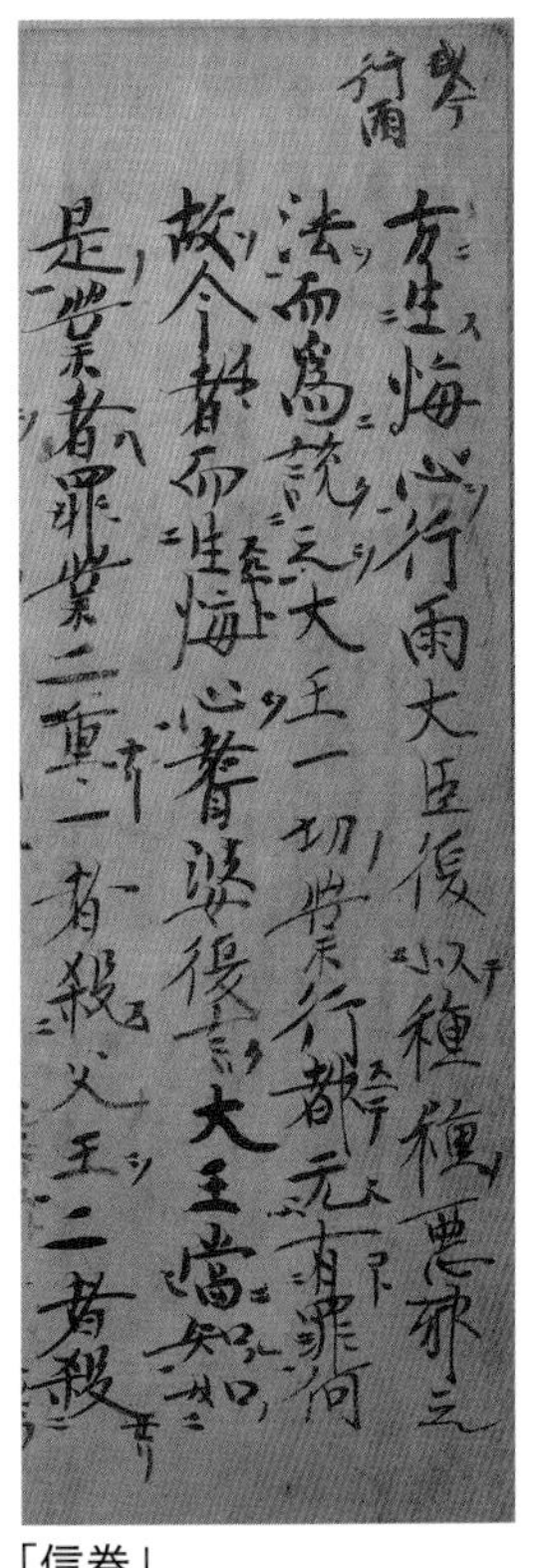
「信巻」

結果的に親鸞聖人は、「行雨」は「雨行」と読むべきと判断をされ、本文に朱筆で「○」を付け線を引いて「雨行」と読むと指示されています。

いずれの場合も「或本」と記されるテキストが何であるのかは不明であり、今後の研究をまたなければなりませんが、親鸞聖人が当初「坂東本」の本文を整える際に見たテキストとは別のテキストを用いて、あらためて確認していることを示すものと考えられます。これはテキストの正確さを大事にされたということでしょう。教えが確かなかたちで伝わるかどうかに関わる問題であるため、どんな言葉、どんな文字でも構わないというわけにはいかない、そんな聖人の言葉と向き合う厳正な態度が表れています。

特徴⑥ 合点（がってん）・角点（かくてん）

「坂東本」の本文の上欄や下欄の余白に記される「个」「∧」の記号、また本文の左右に記される傍線を「合点」

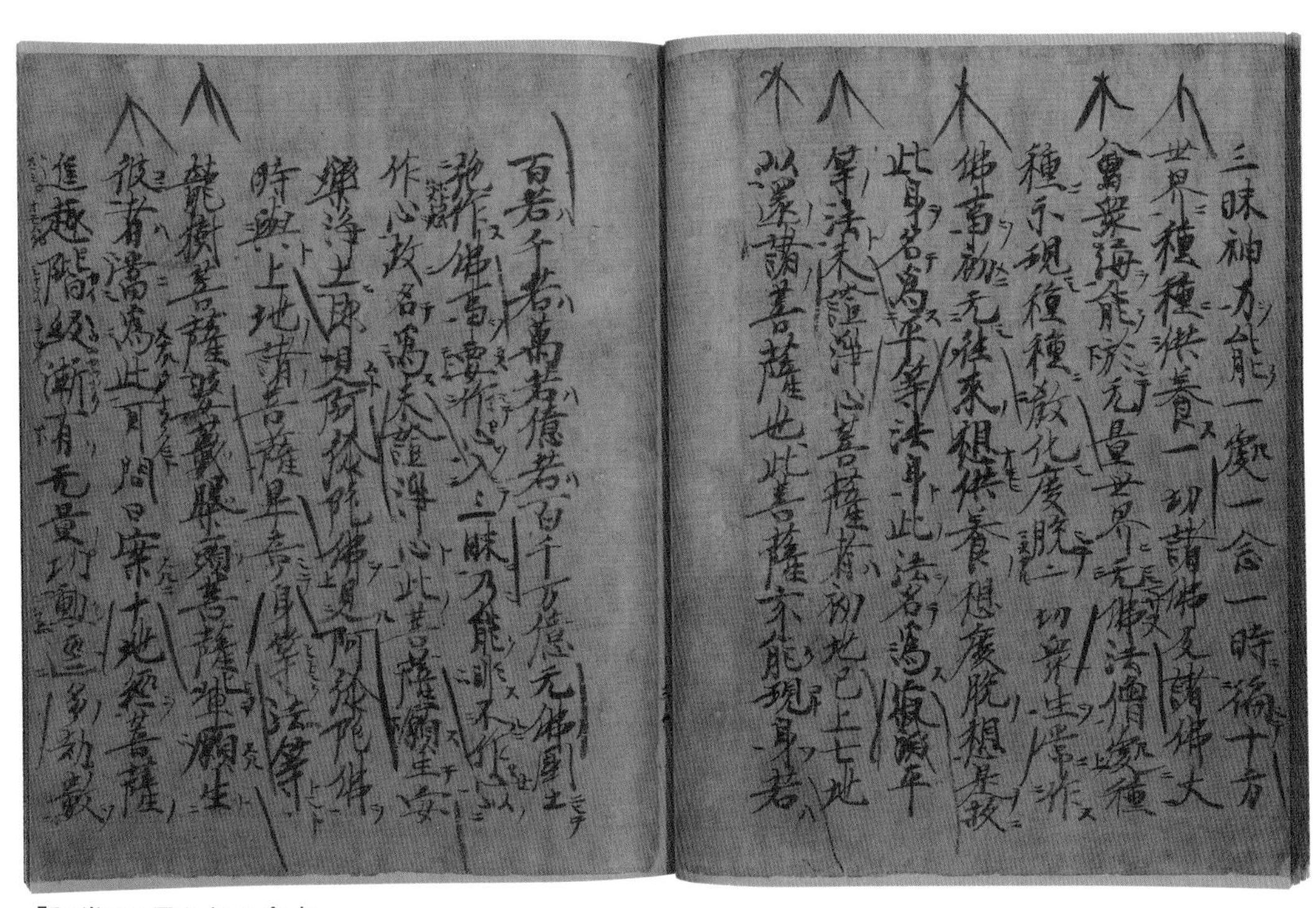

「証巻」に見られる合点

と呼んでいます。従来、意味不明の書き込みと言われてきましたが、本文に傍線が引かれている箇所の状況を踏まえて上下の余白に書き込まれている「个」「∧」の記号を見ていくと、傍線が引かれる語句に注意を払うべき事柄があることを示すため、あるいは文章を区分するために記されたものであると考えることができます。つまり合点とは、現代でいうところのマーカーでキーワードに線を引くことや、付箋を貼ることと同じような役割を持つものでないかと推測できます。

親鸞聖人自身の手によるものと考えられるこれらの合点には、聖人が「坂東本」の漢文を書き上げてから、何度も推敲を重ねられた跡が表れていると言えます。例えば、下の写真の「雑心」の箇所に非常に太い合点を見ることができます。しかし、この合点をよく見ると、一本の太い線ではなく、細い線が何回も重ねられていることがわかります。このような箇所を見ても、親鸞聖人が「坂東本」を繰り返し読み込み、そのたびに重要な箇所に印を付けながら、こういう送り仮名にする、

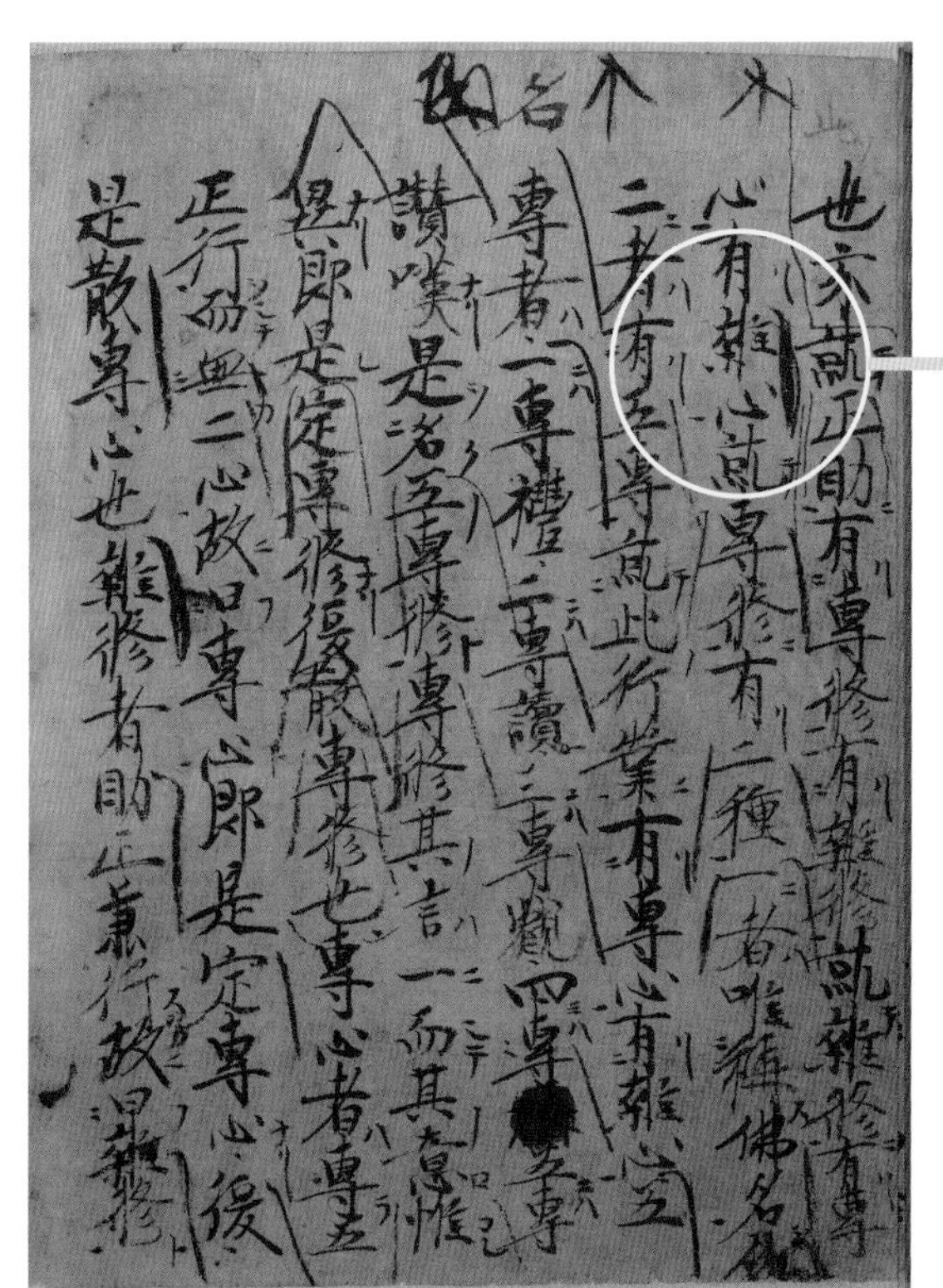

「化身土巻」

こういう返り点を付けて読んでいくべきといったことを判断し、墨筆や朱筆で書き込んでいかれたお姿を思い浮かべることができるわけです。

「計」の字の右に
「ハカラフ」(「信巻」)

　また、二〇〇三年に行われた二度目の修復の際には、「角点」と呼ばれる、象牙・竹・木などの先の尖った筆記具を用いて、紙面を凹（くぼ）ませて記入した訓や記号が発見されました。「坂東本」に存在する角点については、調査を担当された赤尾栄慶（あかおえいけい）先生（元京都国立博物館学芸部・上席研究員）、宇都宮啓吾（うつのみやけいご）先生（大阪大谷大学教授）によって『坂東本『顯淨土眞實教行證文類』角点の研究』（東本願寺出版）が刊行され、その全容が公開されていますので、関心をお持ちの方はそれをご覧ください。

　朱筆と角点が混在する箇所では、角点が朱筆の下に記されている箇所もあります。これは推測ですが、おそらく角点を記されたのも、どういう送り仮名や返り点を付けて読むのかということを何度も検討されたことに関わるものだと考えられます。墨や朱で一旦書いてしまうと消すことはできず、冊子の状態であれば書き直すのも容易ではありません。そのため、聖人は角点を仮に書き込み、その後どう読むのかをはっきりと確認してから、筆で清書をしていかれた。そのように考えることができます。

コラム

「獲信見敬大慶喜(ぎゃくしんけんきょうだいきょうき)」と「獲信見敬大慶人(ぎゃくしんけんきょうだいきょうにん)」

「坂東本」に記される「正信偈」では、真宗門徒が勤行等で親しんでいる「正信偈」と、異なる箇所があります。その点を見ていきましょう。

それは、『真宗大谷派勤行集』（赤本）等で「獲信見敬大慶喜」と記されている箇所です。「坂東本」では、「獲信見敬大慶人」となっていることが確認できます。

「坂東本」のこの箇所は、墨で消した跡や重ねて文字を記すなど、大変複雑になっているため、まずはその過程を見ていきます。

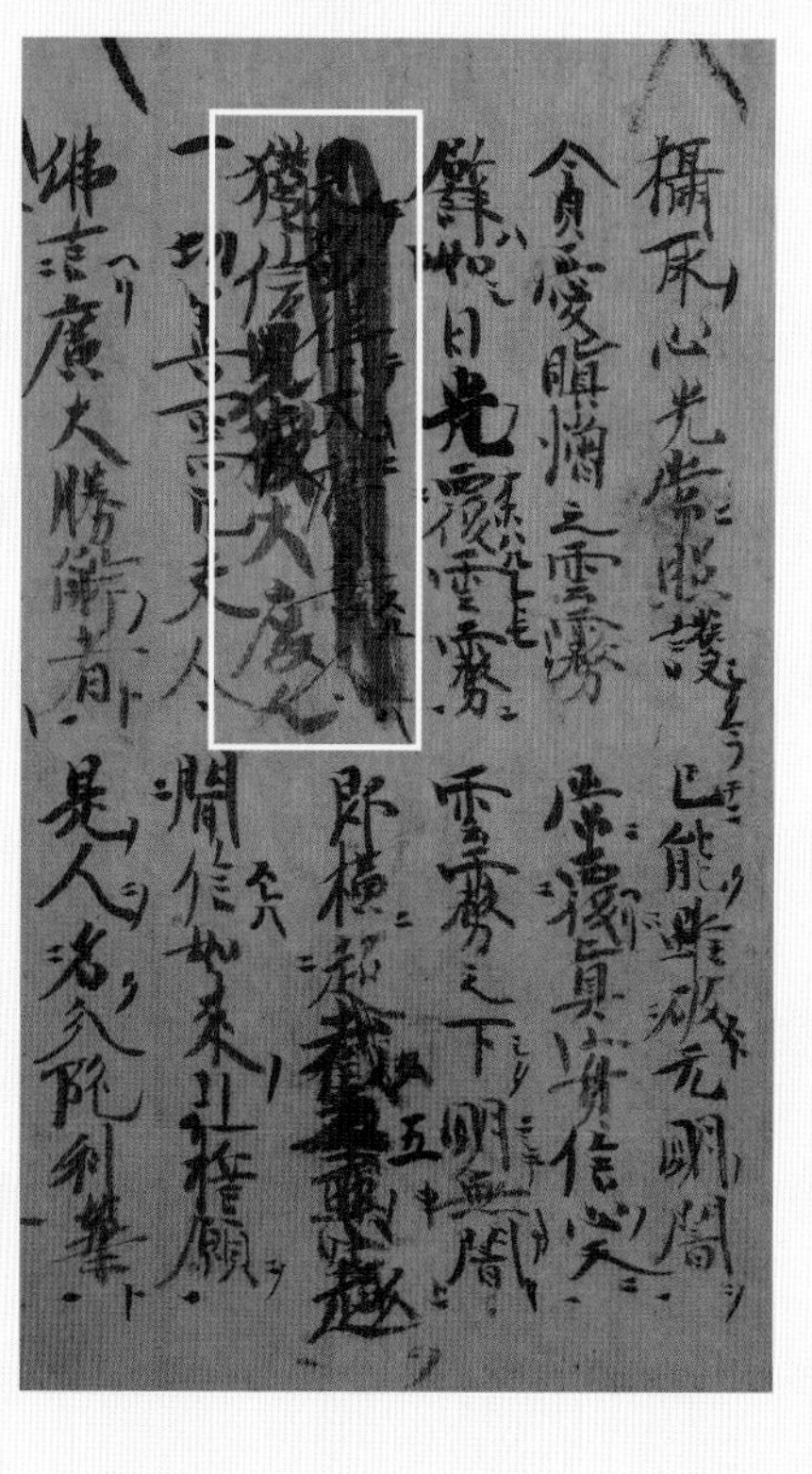

〈過程〉

①「見敬得大慶喜人(テヒテキニスルハ)」と記す。

②「見敬得大(テヒテキニ)」の左に「獲信大慶」と記す。

③「獲信大慶」の「大慶」に重ねて「見敬」と記し、さらにその下に「大慶人」と記す。

④「見敬得大慶喜人(テヒテキニスルハ)」を墨で塗り消す。

① 見敬得大慶喜人(テヒテキニスルハ)

← ② 見敬得大慶喜人(テヒテキニスルハ) 獲信大慶

← ③ 見敬得大慶喜人(テヒテキニスルハ) 獲信見敬大慶人

← ④ 見敬得大慶喜人(テヒテキニスルハ)（塗り消し） 獲信見敬大慶人

このような過程で、最終的に「獲信見敬大慶人」と記されています。親鸞聖人の『尊号真像銘文』という著作に、「正信偈」に自ら註釈を加えられているところがあります。『尊号真像銘文』は、八十三歳の時の「略本」と八十六歳の時の「広本」とが伝えられますが、そのいずれも、「獲信見敬得大慶」（聖典第二版649頁）となっています。「西本願寺本」や「専修寺本」では私たちが親しむ「獲信見敬大慶喜」と同じ句が確認できます。このように表現が異なるいくつかの句が伝えられていますが、親鸞聖人の著作から「獲信」「見敬」「慶喜」などについての受け止めを尋ねていくと、言葉は違っても同じことを表そうとされていたことが窺い知れます。また、「見敬得大慶喜人」は墨で塗り消されていますが、もとの字がわかるよう薄墨で塗られています。このことからも、念仏申すところに信を得る、その信によって私たちに何が開かれてくるのかを尋ね続けている聖人の姿が思われます。

しかしながら、「西本願寺本」や「専修寺本」になぜ「坂東本」や『尊号真像銘文』と異なる表記がされたのかは不明と言わざるを得ませんが、門弟方の間でこの一句が大切に伝えられ、連綿と受け継がれたのでしょう。親鸞聖人が亡くなって二百年余り後の一四七三（文明五）年、本願寺第八代である蓮如上人が真宗門徒の朝夕のお勤めに用いるよう開版した『正信偈三帖和讃』（文明版）においても「獲信見敬大慶喜」の句が記されています。

今日私たちが「正信偈」のお勤めに用いている『真宗大谷派勤行集』などは、蓮如上人により広く普及されたこの「文明版」に基づいているため、「獲信見敬大慶喜」という句でもって、現在もお勤めがされているのです。

コラム

『坂東本・教行信証』における字形

親鸞聖人が晩年まで手を加え続けられた「坂東本」は、聖人の他の著作と比べても非常に長い執筆期間がかけられた書であると言えます。そのため、この書には一つの漢字でも記された場所により多様な字形が存在します。そこから、親鸞聖人何歳ごろの筆であるのかが推定され、あるいは一部聖人以外の人物による代筆の可能性が指摘されるなど、「坂東本」を紐解く上での重要なポイントとなっています。

ここでは例として、「無」「量」「寿」の三つの漢字の「坂東本」に見られる字形一覧を紹介します。

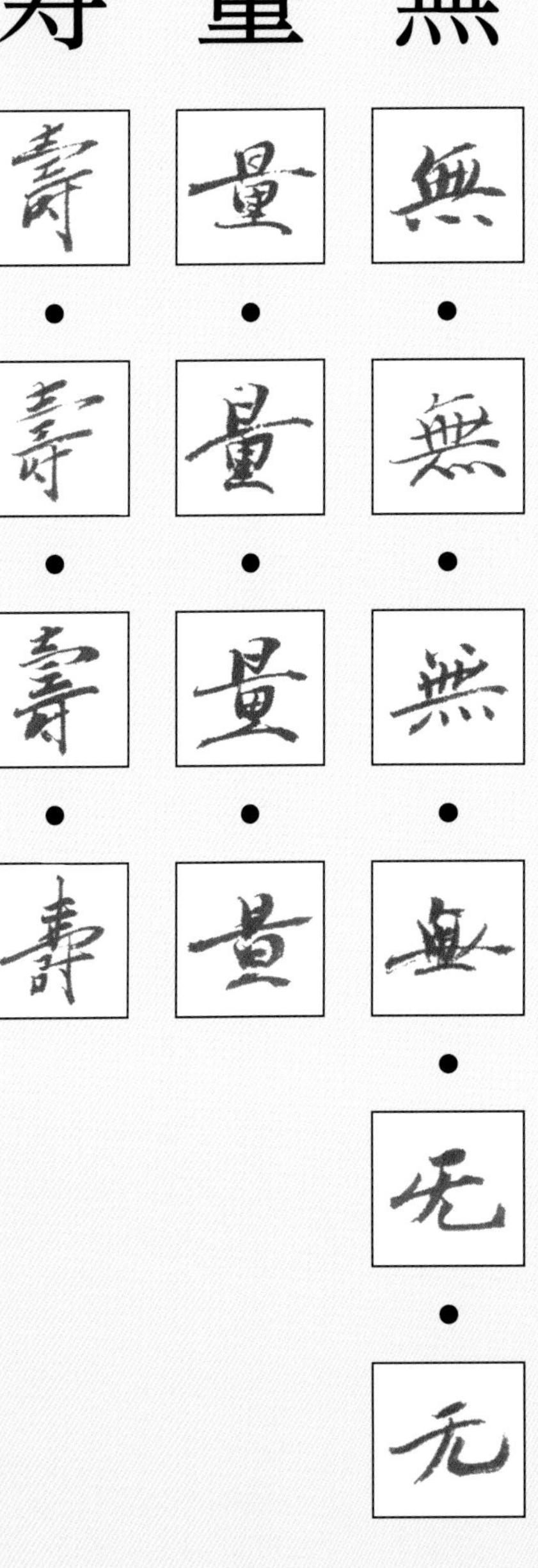

『宗祖親鸞聖人七百五十回御遠忌記念　顯淨土眞實教行證文類　附錄篇一』所収「字形一覧」より

四

私たちにとって「坂東本」とは

「坂東本」から窺える聖人の姿

これまで、「坂東本」を所蔵する真宗大谷派では、この書を親鸞聖人の自筆本として尊重し、影印本の刊行などによって一般への公開も行ってきました。しかし、その一方で、「坂東本」をとおして親鸞聖人の思想を学ぶことが広く十分になされてきたかというと、残念ながらそのように言い切れない事実があります。

それは、これまで見てきたように、「坂東本」には語句の書き改めや註記、文章を追加・削除した箇所が多く存在することから、不完全な書として扱われてきたということによるのかもしれません。このことは、存覚上人（一二九〇～一三七三）による『教行信証』の解説書である『六要鈔』の中で、『教行信証』は「再治に及ばず」と、いわば未整理の部分を残したまま聖人が入滅したと表現されていることにも見て取ることができます。「坂東本」に見られるさまざまな箇所は確かに私たちにとって未整理のようにも見え、どこかで〝坂東本は自筆であるが、未完成のもの〟という意識を持っているのかもしれません。つまり、未完成であるがゆえに読みにくいし、読めない箇所もあるというこちらの予断をもって「坂東本」と向き合ってきたことがあるのでしょう。

しかし、これまで「坂東本」の特徴を尋ねてきましたが、この書に見られる語句の書き改めや註記、文章を追加したり削除した箇所は、それぞれ曖昧であったり、文意が不明瞭であるとは言い切れないのではないでしょうか。一見、雑然とした状況がそこにあったとしても、いったん書かれた文字が、塗りつぶされ、さらに新たな言葉が書き込まれることをとおして、むしろそこには教えについての事柄がより確かに示されていくということがあるのではないでしょうか。

「坂東本」では、親鸞聖人の六十歳ごろから最晩年にまで至る筆跡が確認できます。そのことは、「坂東本」は聖人が生涯を終えるまでの約三十年の間手元に置いた「自筆所持本」「お手元本」であるということを示しているのでしょう。そうであるがゆえに、語句の書き改めや註記、文章を追加したり削除した箇所が多く存在するわけです。

そして何よりも重要なことは、それらの箇所は親鸞聖人が教えと向き合い、教えに何事かを問い続けていったという事実を私たちに具体的に示すものであるということです。

親鸞聖人は、

親鸞におきては、ただ念仏して弥陀にたすけられまいらすべしと、よきひとのおおせをかぶり(蒙)て、信ずるほかに別の子細なきなり。

（聖典第二版768頁）

と、『歎異抄』に言われるように、終生、法然上人のおおせのもとに生き、法然上人を「よきひと」と仰ぎ、憶念し続けた人です。その親鸞聖人の姿勢が具体化しているのが、晩年まで手を加え続けられた「坂東本」です。あえて言えば生涯を終えられるまで手を加え続けたと言ってよいと思います。文字通り畢生の書であると考えられます。さらに親鸞聖人は法然上人の教えを単に個人の私的なこととして尋ねるのではなく、親鸞聖人の著作に「いなかのひとびと」、「われら」という言葉で示される念仏申して生きる人の全て、御同朋を憶念しながら教えを尋ね、伝えていかれた方なのでしょう。私たちは何よりもその聖人の姿を「坂東本」に窺っていかなければならないのではないでしょうか。

宗祖・親鸞聖人と出遇う

また、現在では影印本や翻刻本の刊行によって誰もがふれることのできるようになった「坂東本」ですが、ここに至るまでには多くの方によって、この書が相続され護持されてきた歴史があります。親鸞聖人が執筆され、入滅後、坂東報恩寺にわたり、時に災害・火災にも見舞われながらも奇跡的に失われることなく、八百年に及ぶ時の流れを経た今、私たちは「坂東本」に接することができます。そこには、親鸞聖人が書かれた書を大切にするということにとどまらず、親鸞聖人が伝えてくださった「浄土真宗」を後世に伝えなければならないという無数の人の願いがあるのです。この「坂東本」と向き合い学んでいくということは、まさに、

前に生まれん者は後を導き、後に生まれん者は前を訪え、連続無窮にして、願わくは休止せざらしめんと欲す。無辺の生死海を尽くさんが為の故なり

（『化身土巻』聖典第二版476頁）

と、『教行信証』に示される願いを聞いていくことにほかならないのでしょう。

真宗大谷派の学僧、金子大榮氏（一八八一～一九七六）は、

『教行信証』そのものを見ていけば、親鸞聖人という人間がある。そこに、ハッキリと親鸞聖人という人間が、その文字のうえに生きている。

（『真宗学序説』36頁）

という言葉を遺されています。親鸞聖人が、自らの生きた「真宗（拠りどころ）」を何とか伝えようと、長きにわたり思索と工夫の限りを尽くした『教行信証』、とりわけ「坂東本」をとおして、その歩みにふれる時、私たちは生きた宗祖・親鸞聖人に出遇えるのです。

五

『坂東本・教行信証』の三序

最後に、「坂東本」における重要な三つの序（「総序」・「別序」・「後序」）を全頁掲載します。

●写真は影印本であり、紙面の都合上、約65％の縮尺にて掲載しています。
●欠損した箇所もそのまま掲載しています。
●下部の〈翻刻篇○頁〉は、東本願寺出版発行の『顯淨土眞實教行證文類 翻刻篇』に対応する頁を示しています。
●各序の前に『真宗聖典 第二版』より書き下し文を掲載しています。

「顕浄土真実教行証文類序」（総序）

顕浄土真実教行証文類序

竊かに以みれば、難思の弘誓は難度海を度する大船、無碍の光明は無明の闇を破する恵日なり。然れば則ち、浄邦縁熟して、調達、闍世をして逆害を興ぜしむ。浄業機彰れて、釈迦、韋提をして安養を選ばしめたまえり。斯れ乃ち、権化の仁、斉しく苦悩の群萌を救済し、世雄の悲、正しく逆・謗・闡提を恵まんと欲す。

故に知りぬ、円融至徳の嘉号は悪を転じて徳を成す正智、難信金剛の信楽は疑を除き証を獲しむる真理なりと。

爾れば、凡小、修し易き真教、愚鈍、往き易き捷径なり。大聖の一代の教、是の徳海に如く無し。穢を捨て浄を欣い、行に迷い信に惑い、心昏く識寡なく、悪重く障多きもの、特に如来の発遣を仰ぎ、必ず最勝の直道に帰して、専ら斯の行に奉え、唯、斯の信を崇めよ。

噫、弘誓の強縁、多生にも値い叵く、真実の浄信、億劫にも獲叵し。遇たま行信を獲ば、遠く宿縁を慶べ。若し也た此の回、疑網に覆蔽せられば、更って復た曠劫を逕歴せん。誠なるかな、摂取不捨の真言、超世希有の正法、聞思して遅慮すること莫かれ。

爰に愚禿釈の親鸞、慶ばしいかな、西蕃・月支の聖典、東夏・日域の師釈に、遇い難くして今遇うことを得たり、聞き難くして已に聞くことを得たり。真宗の教行証を敬信して、特に如来の恩徳深きことを知りぬ。斯を以て、聞く所を慶び、獲る所を嘆ずるなりと。

（聖典第二版159～161頁　※「坂東本」欠損部は「西本願寺本」に依って補う）

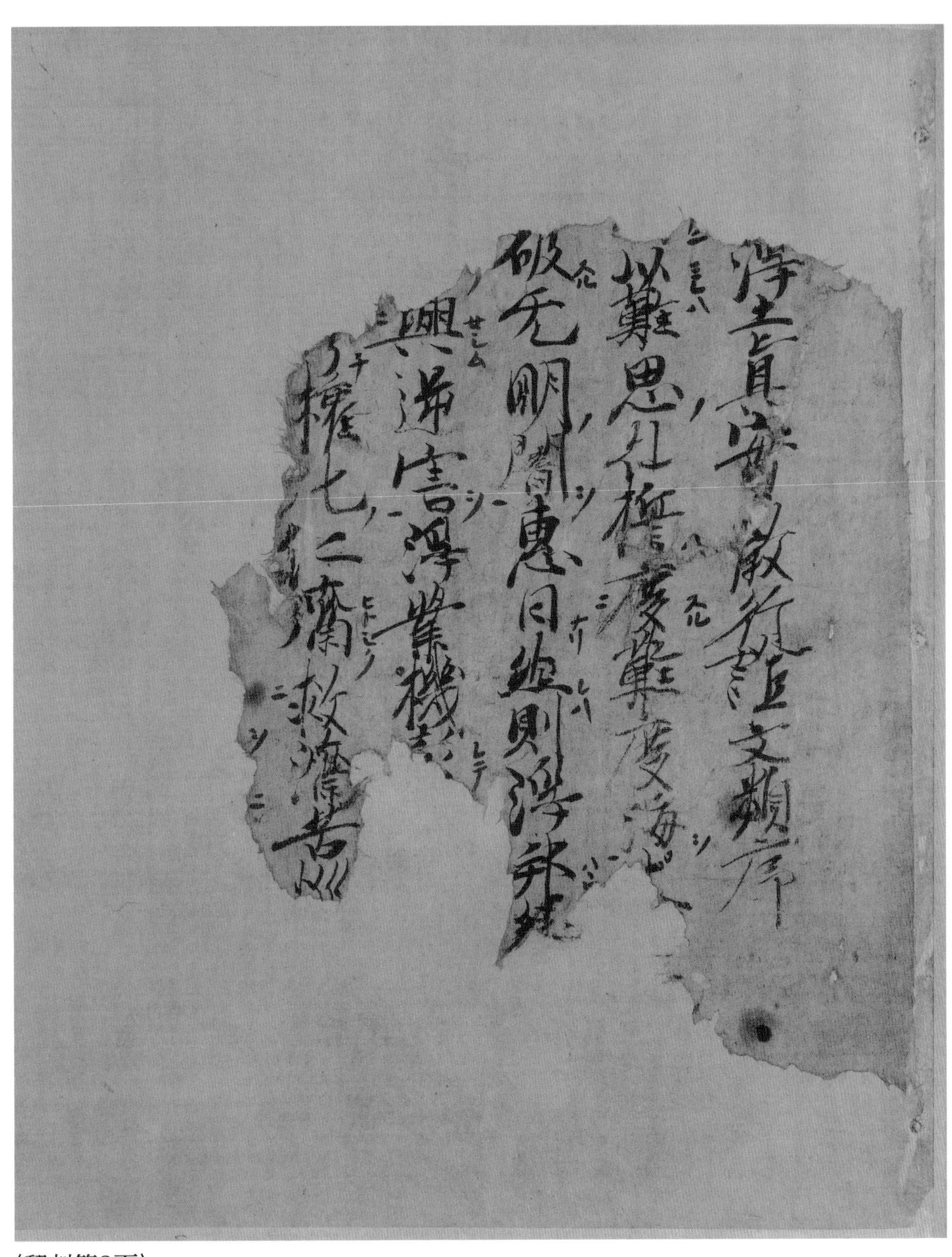

〈翻刻篇3頁〉

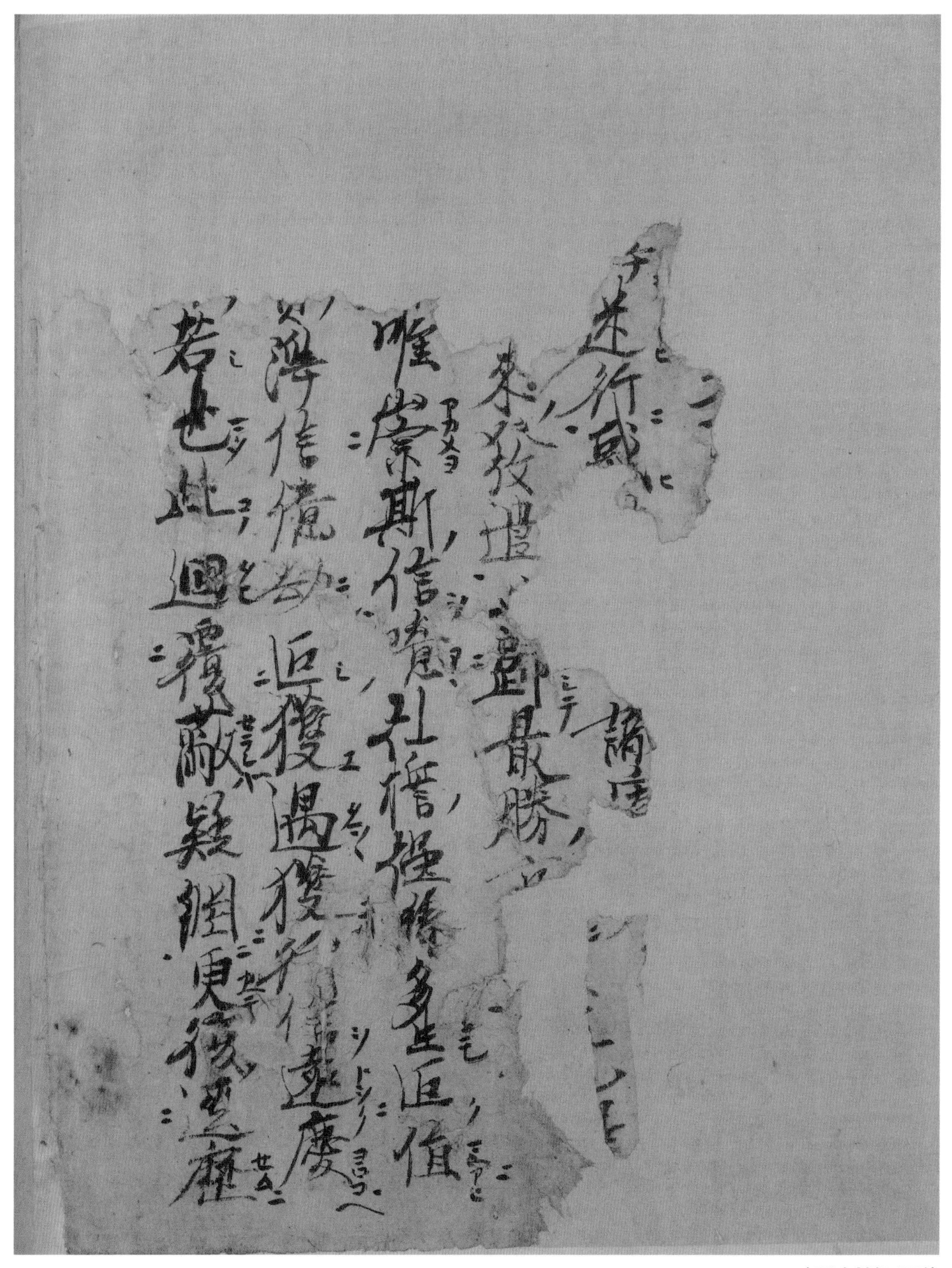

〈翻刻篇4頁〉

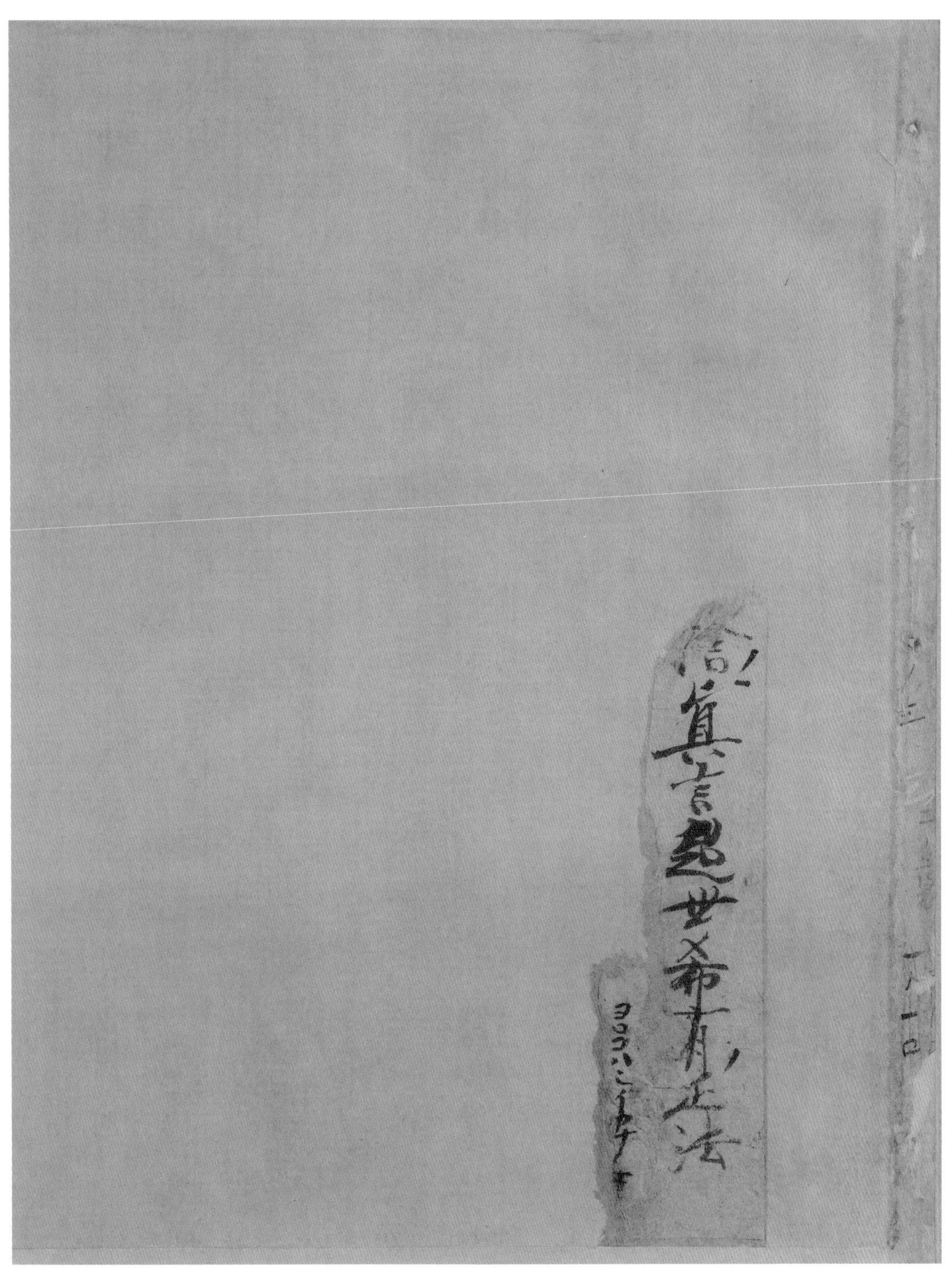

〈翻刻篇5頁〉

「顕浄土真実信文類序」（別序）

顕浄土真実信文類序

愚禿釈親鸞集

夫れ以みれば、信楽を獲得することは如来選択の願心より発起す。真心を開闡することは大聖矜哀の善巧より顕彰せり。

然るに、末代の道俗、近世の宗師、自性唯心に沈みて浄土の真証を貶す、定散の自心に迷うて金剛の真信に昏し。

爰に愚禿釈の親鸞、諸仏如来の真説に信順して、論家・釈家の宗義を披閲す。広く三経の光沢を蒙りて、特に一心の華文を開く。且く疑問を至して、遂に明証を出だす。誠に仏恩の深重なるを念じて、人倫の哢言を恥じず。浄邦を欣う徒衆、穢域を厭う庶類、取捨を加うと雖も、毀謗を生ずること莫かれと。

至心信楽の願　正定聚の機

（聖典第二版235～236頁）

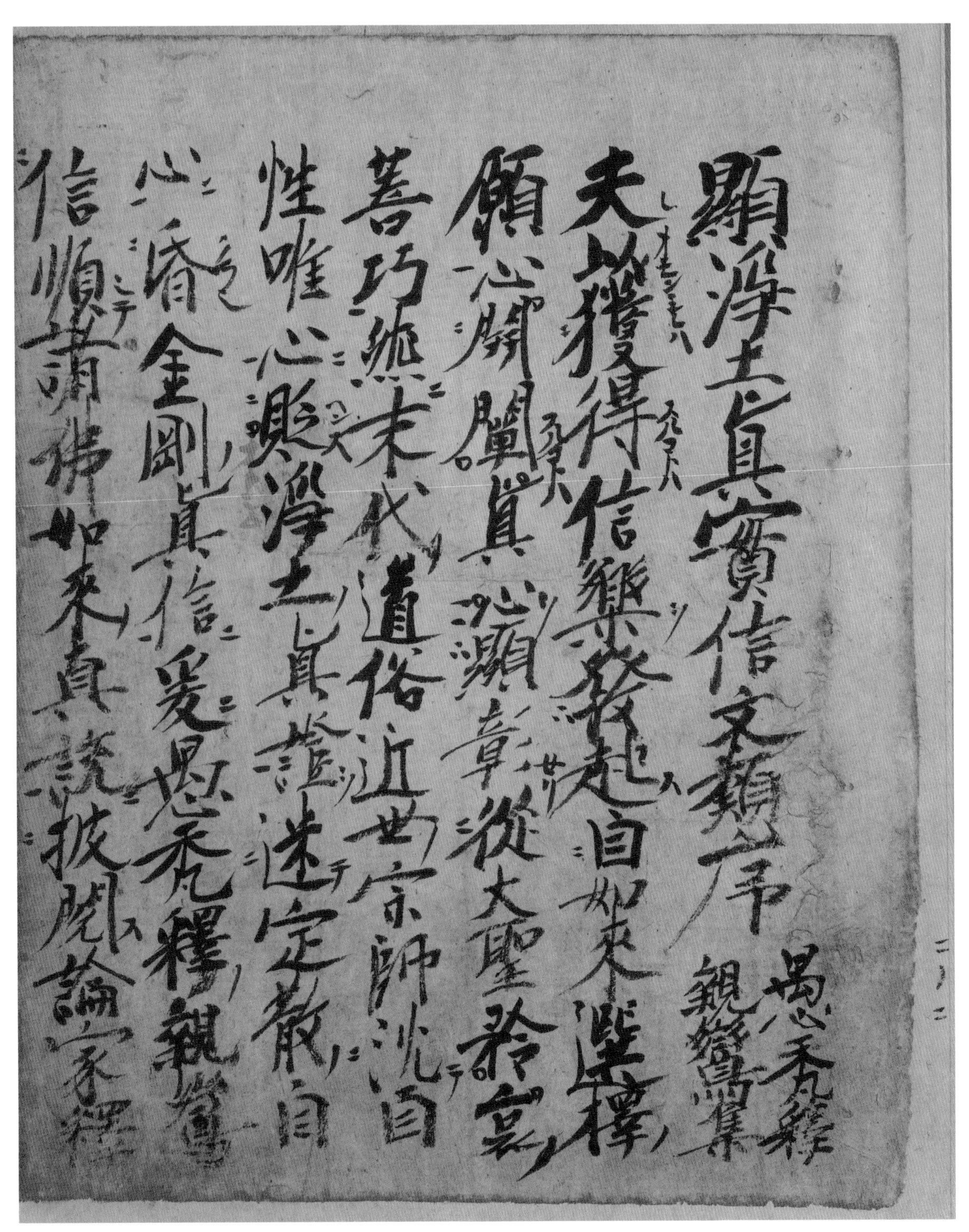

〈翻刻篇149頁〉

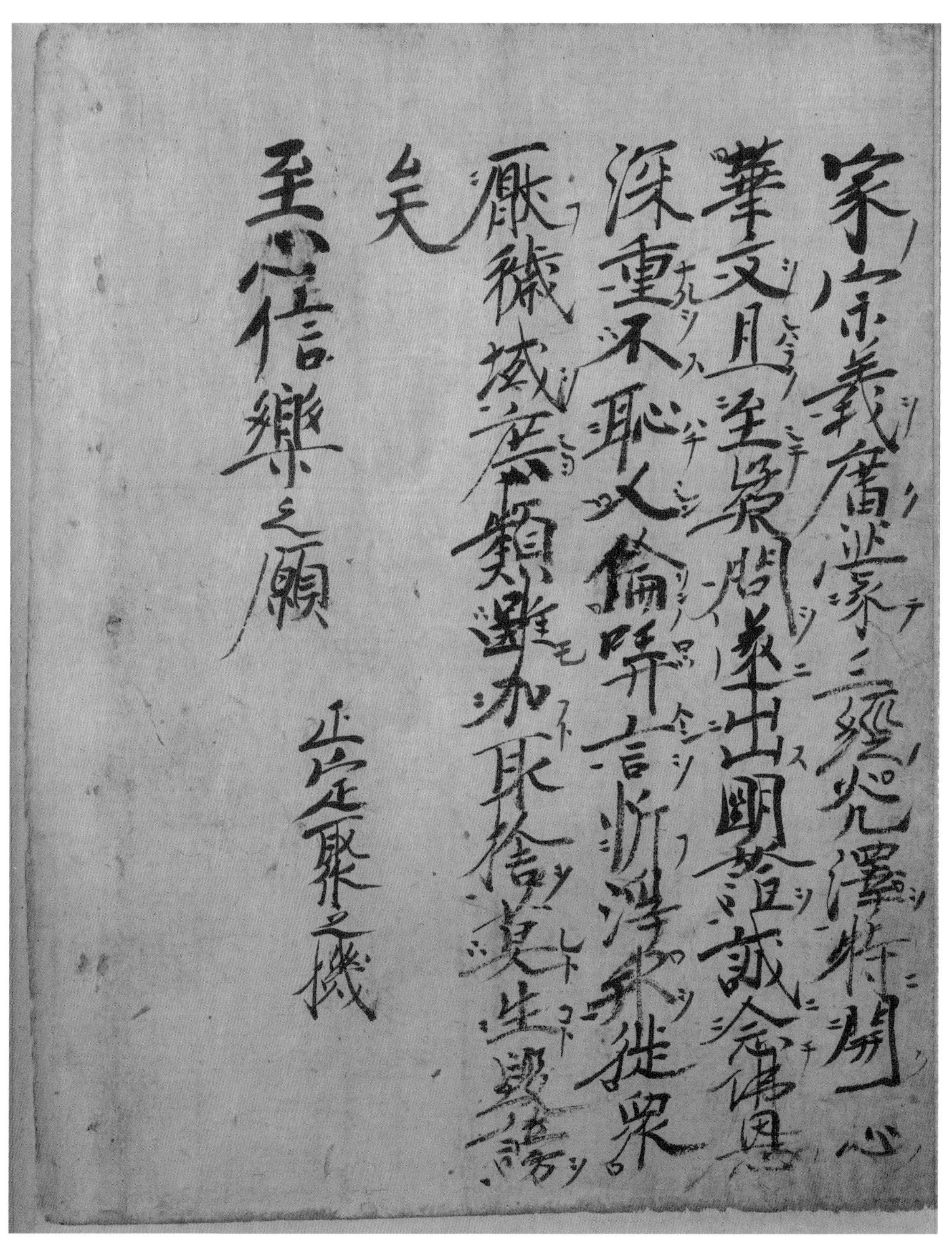
家宗義當世豪之經咒澤特開一心
華文且逢見聞並出興誠念佛因
深重不恥人倫唱言所淨求徒衆
厭穢域無類雖加瞋捨莫生毀謗
矣
至心信樂之願
正定聚之機

〈翻刻篇150頁〉

「顕浄土方便化身土文類六」跋文（後序）

竊かに以みれば、聖道の諸教は行証久しく廃れ、浄土の真宗は証道今盛りなり。然るに、諸寺の釈門、教に昏くして真仮の門戸を知らず、洛都の儒林、行に迷うて邪正の道路を弁うること無し。

斯を以て、興福寺の学徒、太上天皇　諱尊成〔「後鳥羽院」と号す。〕今上　諱為仁〔「土御門院」と号す。〕聖暦承元丁の卯の歳、仲春上旬の候に奏達す。主上臣下、法に背き義に違し、忿を成し怨を結ぶ。茲れに因りて、真宗興隆の大祖源空法師、并びに門徒数輩、罪科を考えず、猥りがわしく死罪に坐す。或いは僧儀を改めて姓名を賜うて遠流に処す。予は其の一なり。爾れば已に僧に非ず俗に非ず。是の故に「禿」の字を以て姓とす。空師、并びに弟子等、諸方の辺州に坐して五年の居諸を経たりき。皇帝　諱守成〔佐土院〕聖代建暦辛の未の歳、子月の中旬第七日に、勅免を蒙りて入洛して已後、空（源空）、洛陽の東山の西の麓・鳥部野の北の辺・大谷に居たまいき。同じき二年壬申寅月の下旬第五日午の時、入滅したまう。奇瑞、称計すべからず。別伝に見えたり。

然るに、愚禿釈の鸞、建仁辛の酉の暦、雑行を棄てて本願に帰す。元久乙の丑の歳、恩恕を蒙りて『選択』を書しき。同じき年の初夏中旬第四日に、「選択本願念仏集」の内題の字、并びに「南無阿弥陀仏　往生之業　念仏為本」と「釈の綽空」の字と、空の真筆を以て之を書せしめたまいき。同じき日、空の真影、申し預かりて図画し奉る。同じき二年閏七月下旬第九日、真影の銘に、真筆を以て、「南無阿弥陀仏」と「若我成仏十方衆生　称我名号下至十声　若不生者不取正覚　彼仏今現在成仏　当知本誓重願不虚　衆生称念必得往生」の真文とを書せしめたまう。又、夢の告に依りて「綽空」の字を改めて、同じき日、御筆を以て名の字を書かしめたまい畢りぬ。本師聖人、今年は七旬三の御歳なり。

『選択本願念仏集』は、禅定博陸 月輪殿兼実 法名円照 の教命に依りて撰集せしむる所なり。真宗の簡要、念仏の奥義、斯れに摂在せり。見る者、諭り易し。誠に是れ希有最勝の華文、無上甚深の宝典なり。年を渉り日を渉りて、其の教誨を蒙るの人、千万と雖も、親と云い疎と云い、此の見写を獲るの徒、甚だ以て難し。爾るに、既に製作を書写し、真影を図画せり。是れ専念正業の徳なり。是れ決定往生の徴「徴」の字 ち反。あらわす。」なり。仍って悲喜の涙を抑えて由来の縁を註す。

慶ばしいかな。心を弘誓の仏地に樹て、念を難思の法海に流す。深く如来の矜哀を知りて、良に師教の恩厚を仰ぐ。慶喜、弥いよ至り、至孝、弥いよ重し。

茲れに因りて、真宗の詮を鈔し、浄土の要を摭う。唯、仏恩の深きことを念じて、人倫の嘲を恥じず。若し斯の書を見聞せん者、信順を因とし、疑謗を縁として、信楽を願力に彰し、妙果を安養に顕さんと。

『安楽集』に云わく、「真言を採り集めて往益を助修せしむ。何となれば、前に生まれん者は後を導き、後に生まれん者は前を訪え。連続無窮にして、願わくは休止せざらしめんと欲す。無辺の生死海を尽くさんが為の故なり」と。已上

爾れば、末代の道俗、仰いで信敬すべきなり。知るべし。

『華厳経』の偈に云うが如し、「若し、菩薩、種種の行を修行するを見て、善・不善の心を起こすこと有りとも、菩薩、皆、摂取せん」と。已上

（聖典第二版472～476頁）

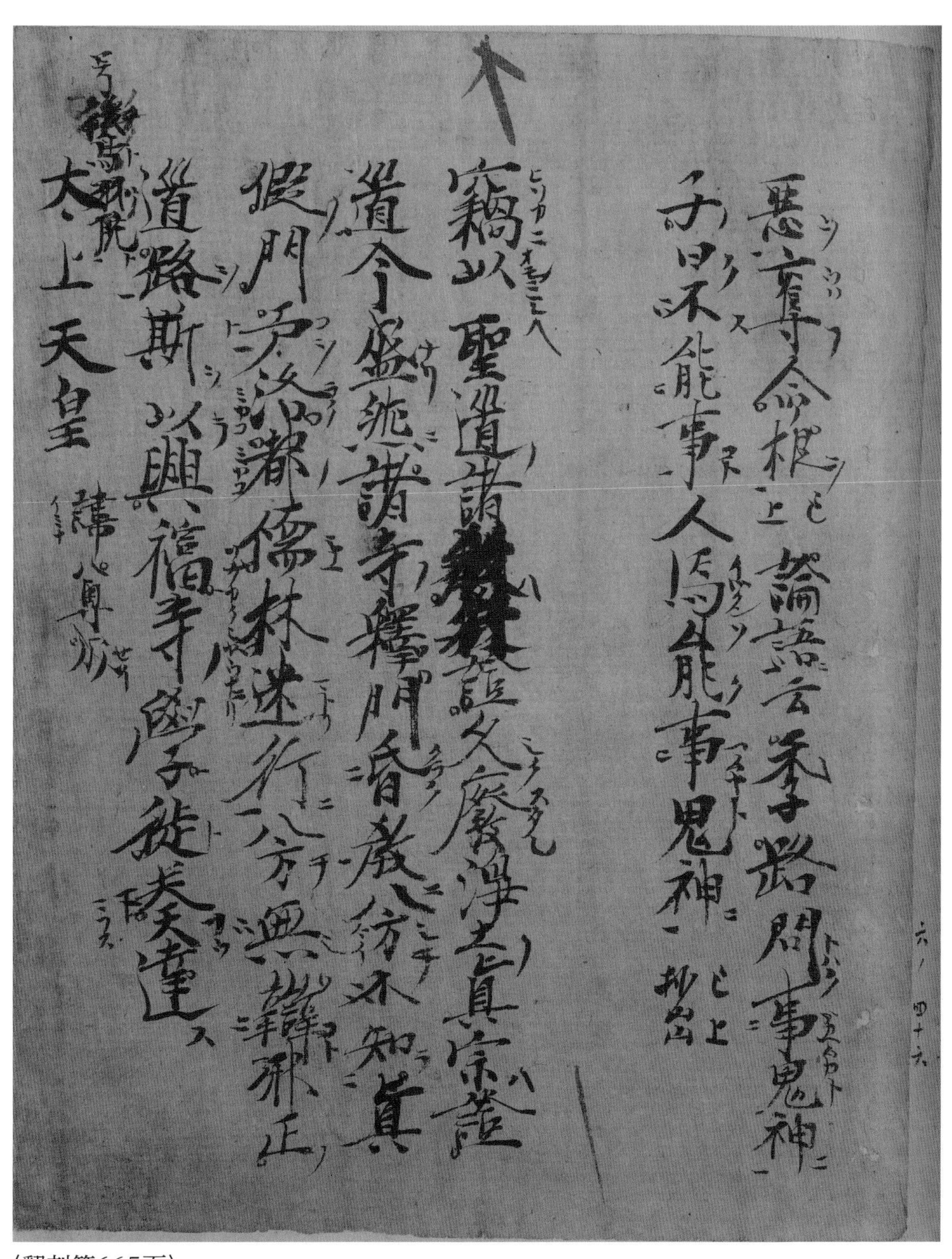

〈翻刻篇665頁〉

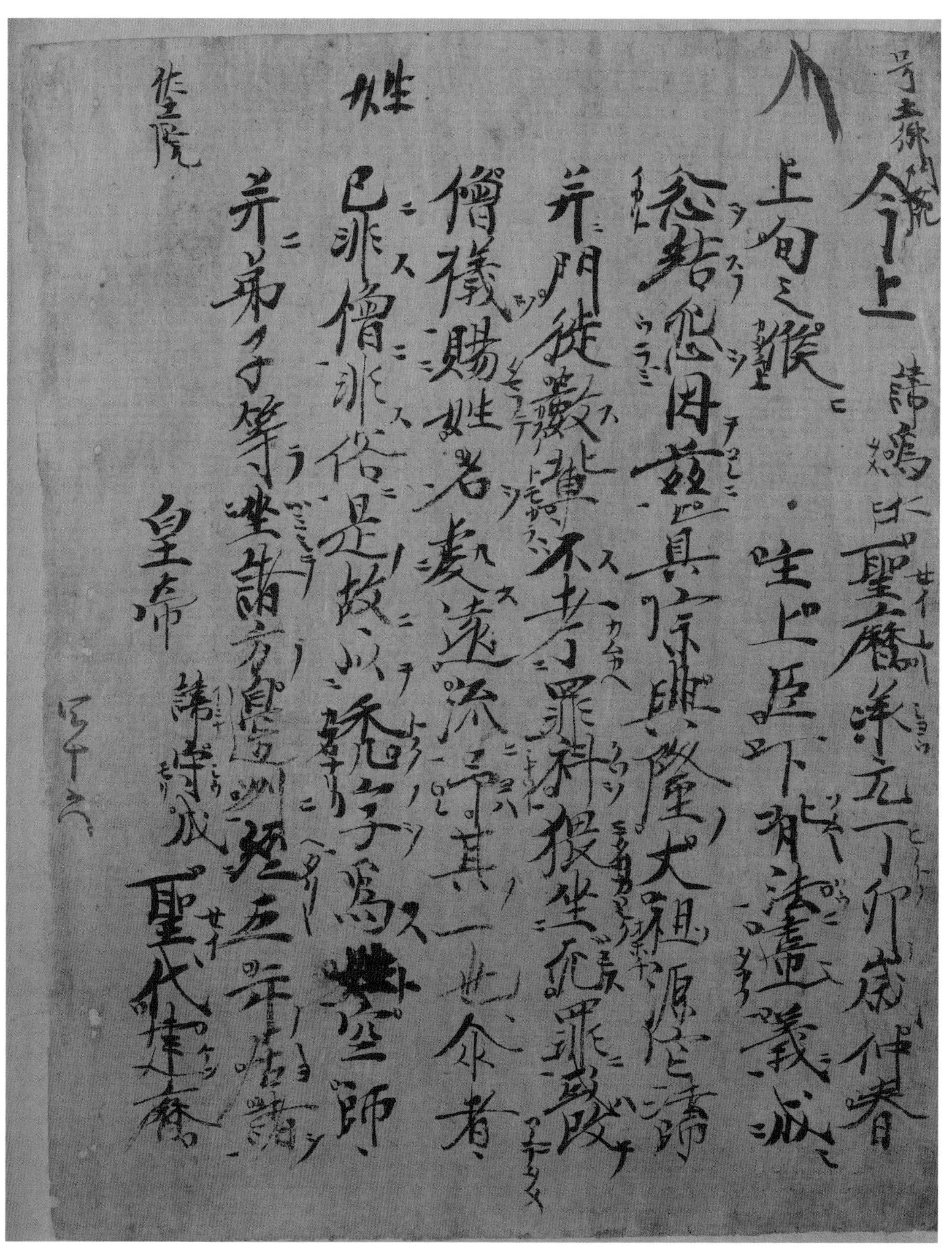

〈翻刻篇666頁〉

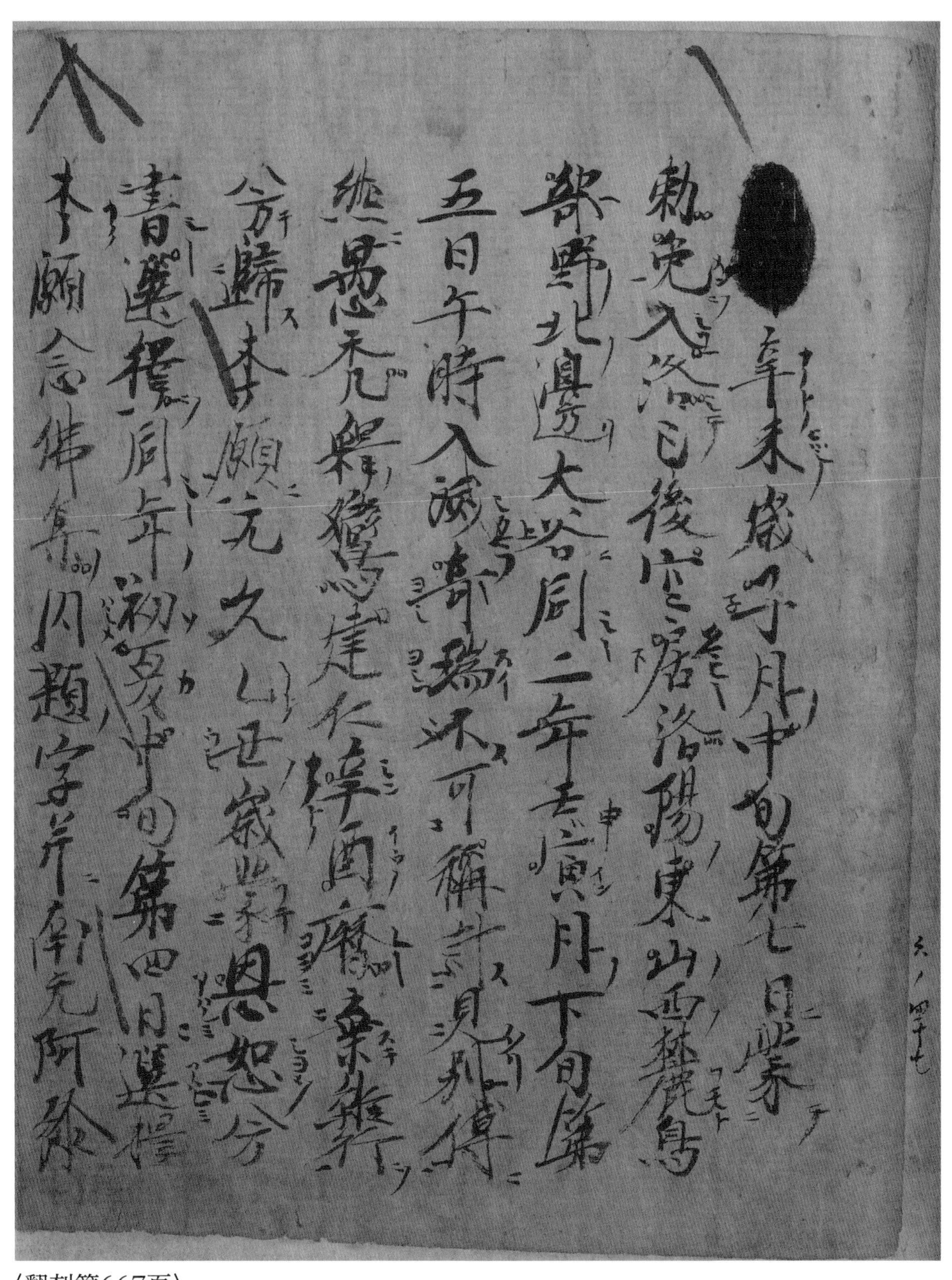

〈翻刻篇667頁〉

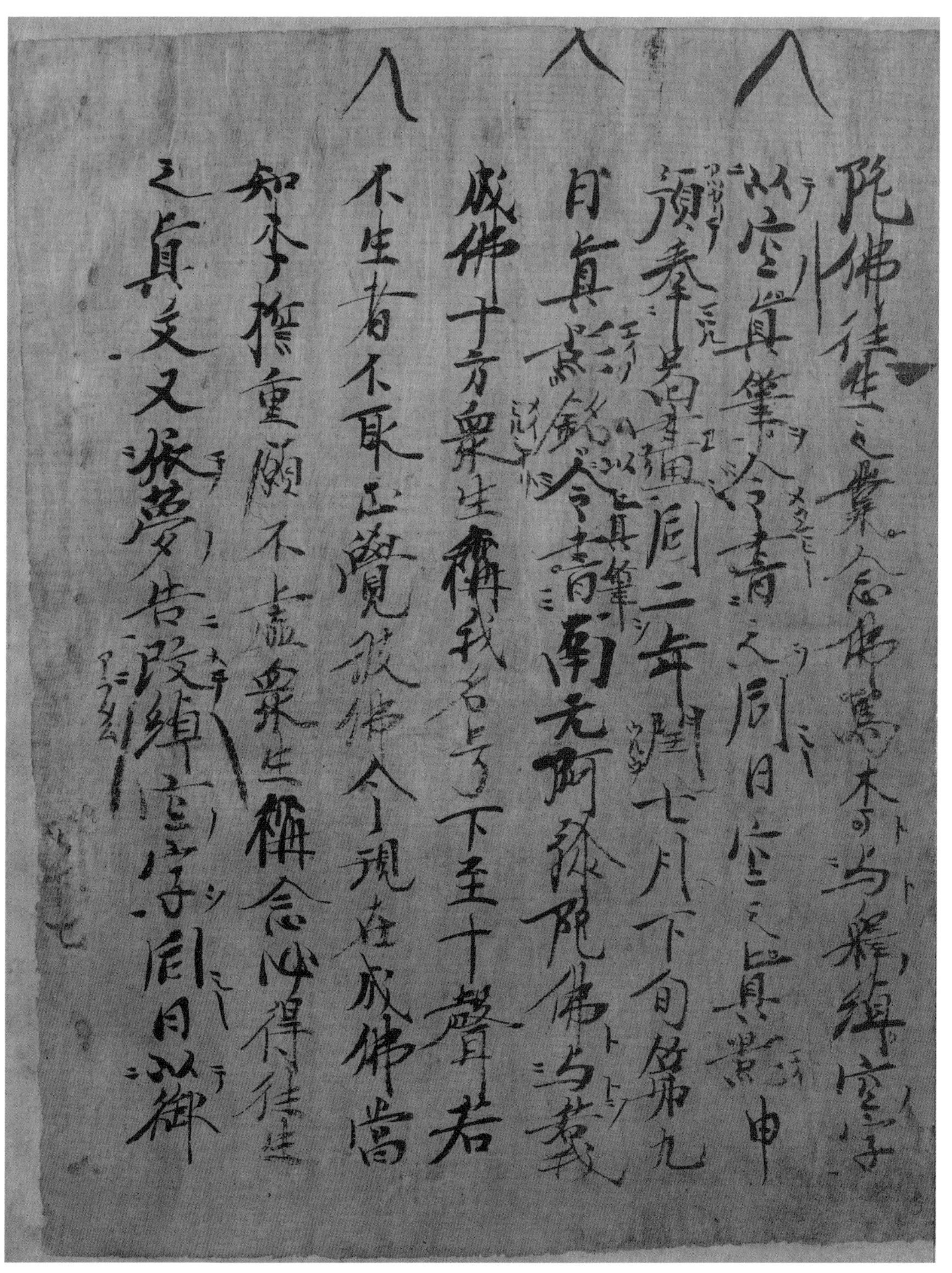

〈翻刻篇668頁〉

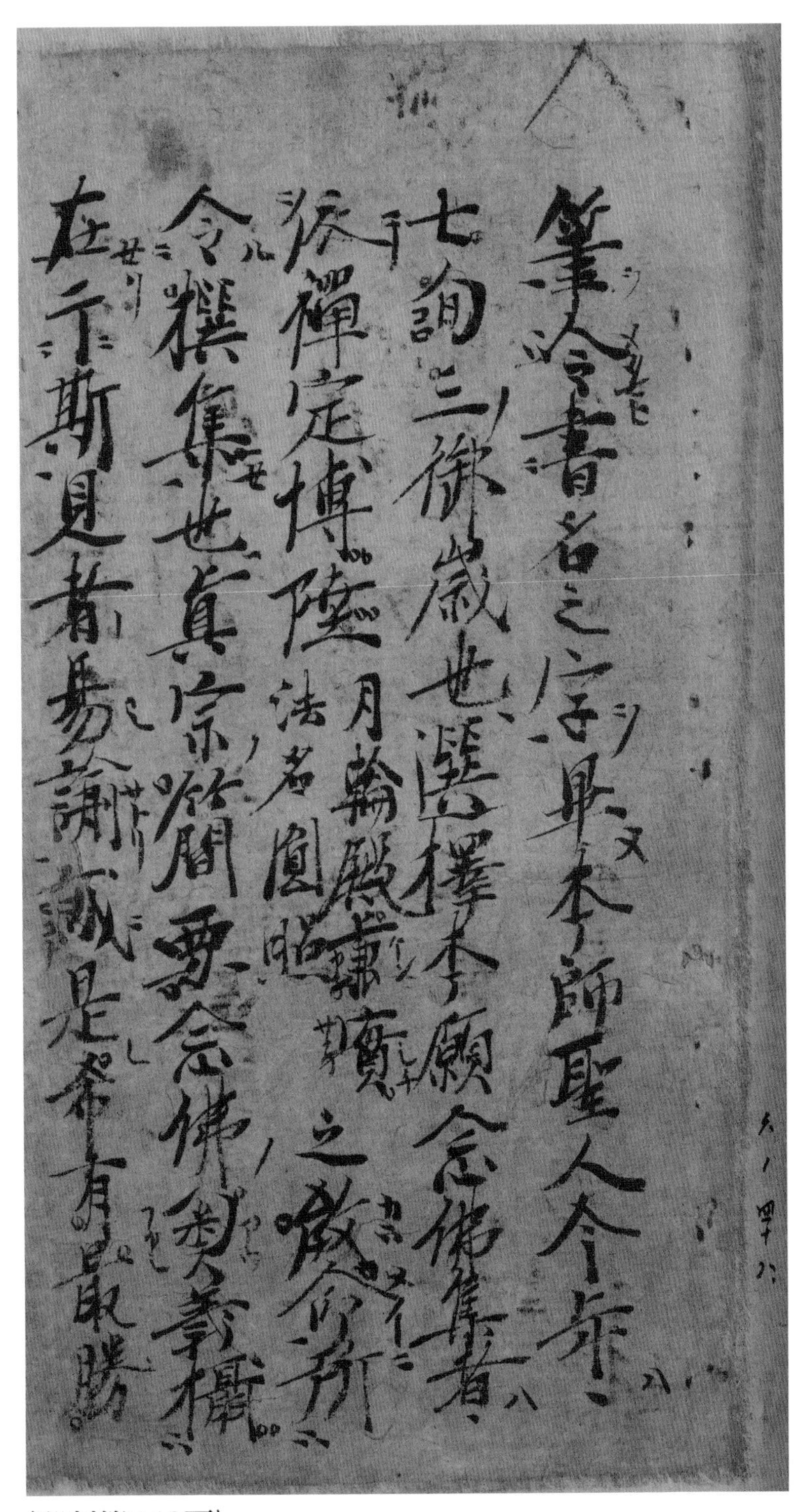

〈翻刻篇669頁〉

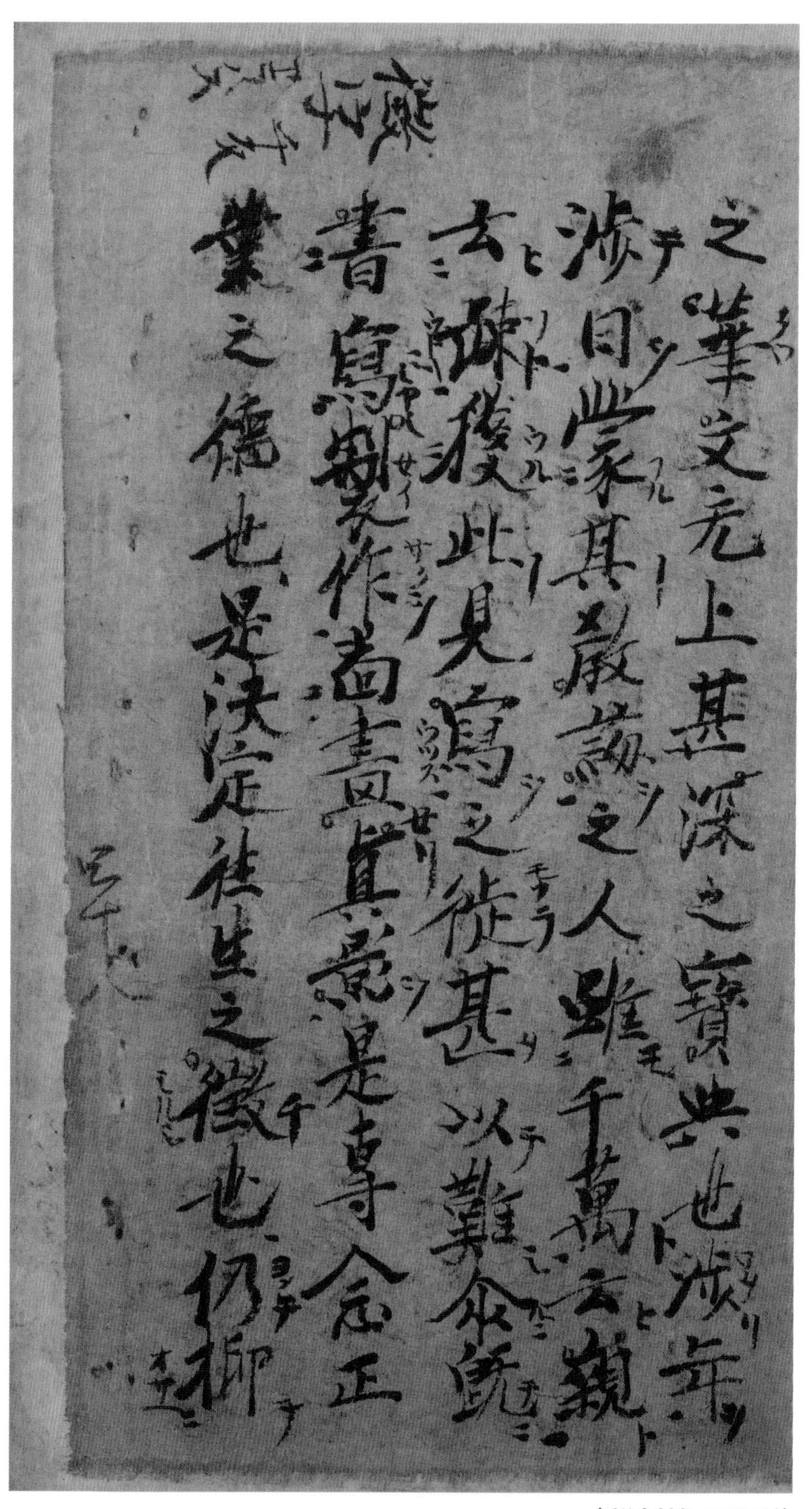

〈翻刻篇670頁〉

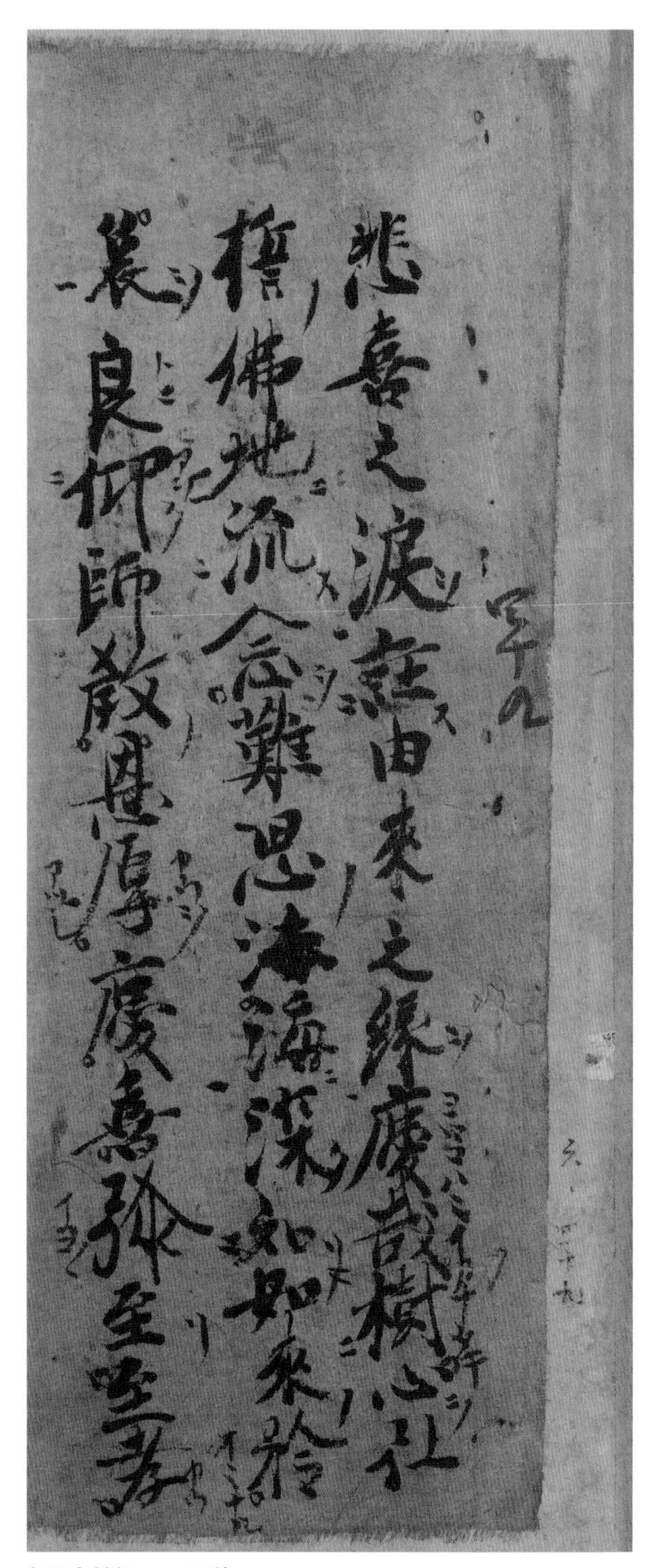

〈翻刻篇671頁〉

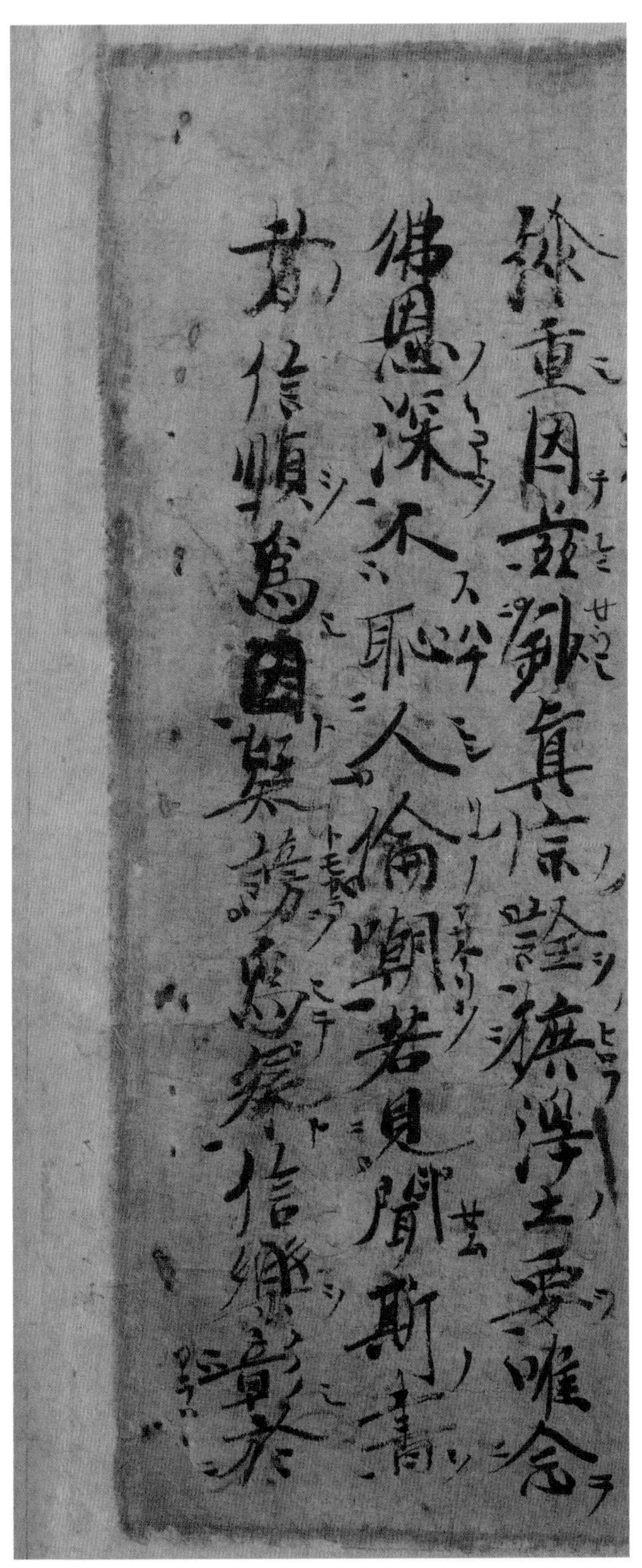

〈翻刻篇672頁〉

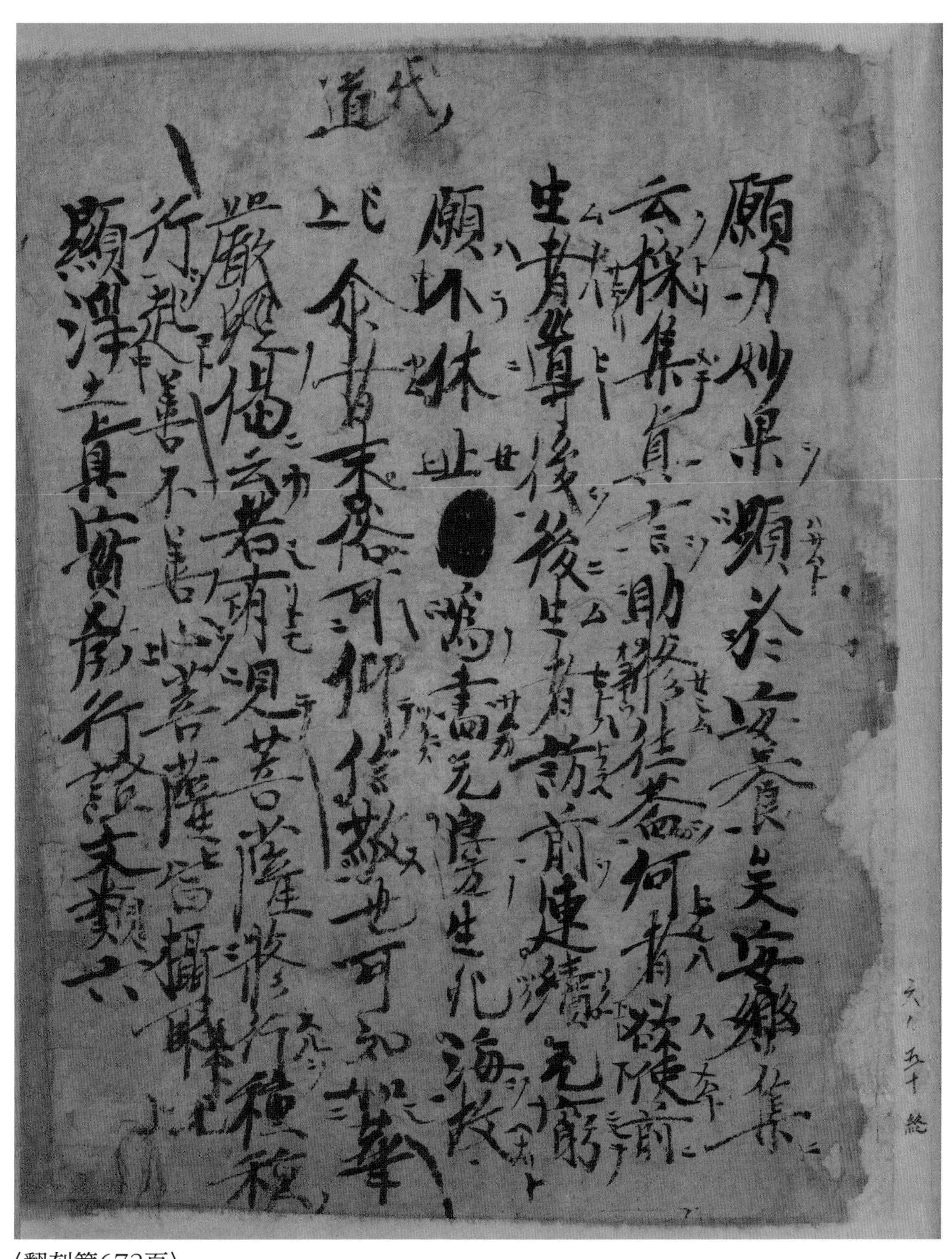

〈翻刻篇673頁〉

三木 彰円（みき あきまる）

1965年、宮崎県生まれ。大谷大学文学部真宗学科教授。聖教編纂室特別編纂研究員。九州教区宮崎組専住寺候補衆徒。真宗大谷派宗宝宗史跡保存会委員として「坂東本」修復・復刻事業に参加。著書に『テキスト唯信鈔文意・唯信鈔』、『テキスト一念多念文意』、『テキスト尊号真像銘文』（難波別院）、『観念法門試解』、『ブッダと親鸞』［共著］（東本願寺出版）等。

はじめてふれる 坂東本（ばんどうぼん）・教行信証（きょうぎょうしんしょう）

2024（令和6）年5月20日　第1刷　発行

著　　者　三木 彰円
発 行 者　木越 渉
発　　行　東本願寺出版（真宗大谷派宗務所出版部）
〒600-8505　京都市下京区烏丸通七条上る
TEL.075-371-9189（販売）
075-371-5099（編集）
FAX.075-371-9211

印刷・製本　株式会社アイワット
デザイン　有限会社ツールボックス

ISBN978-4-8341-0688-6　C0015